회사 7년차를 위한
관리자수칙
66

회사 7년차를 위한
관리자수칙

인사관리전문가
김인범 지음

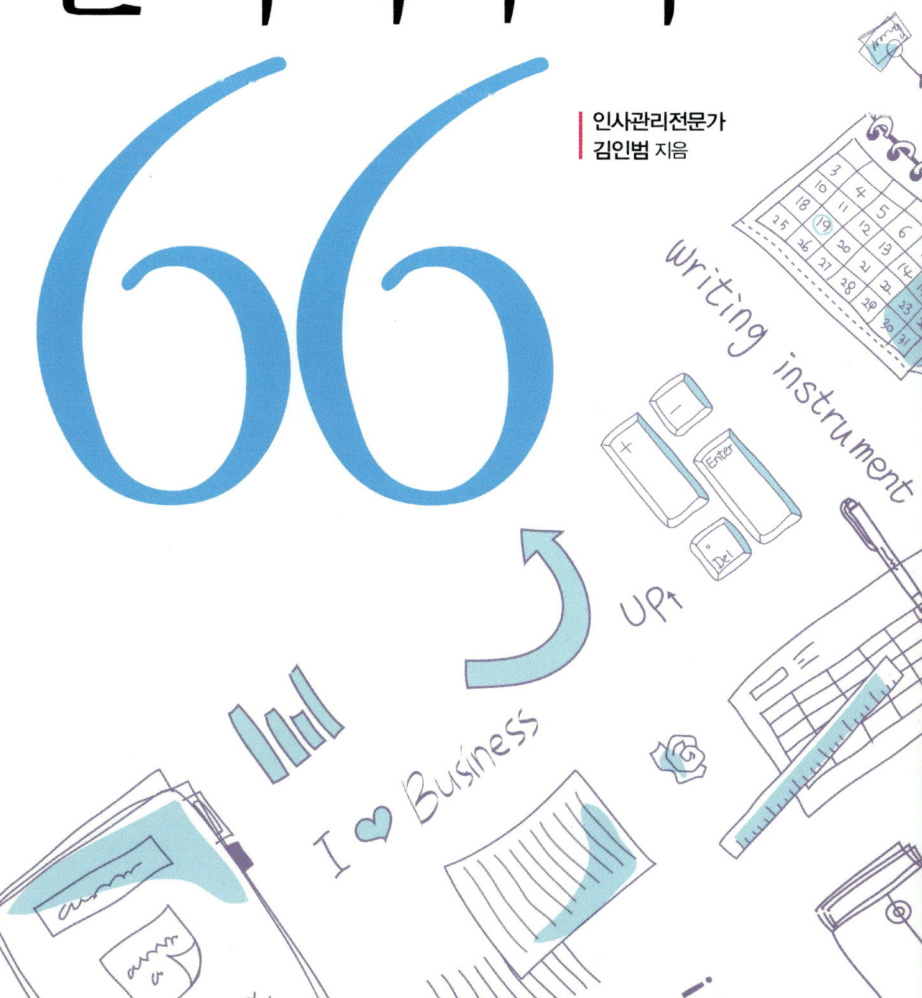

감사의 글

책 한 권이 나오기까지는 많은 분의 도움이 있어서 가능했습니다. 제가 어려움에 빠질 때마다 그 어려움을 이겨내게 도와주신 분들입니다.

먼저 부모님께 감사의 말씀을 드립니다.

자식을 낳고 보니 부모님의 소중함을 더욱 뼈저리게 느끼고 있습니다. 끝없는 사랑에 감사드립니다. 어려움을 항상 같이하고 있는 아내 정아에게 무한한 사랑을 전하고 싶습니다. 같이 글을 읽어 주고 때로는 조언을 아끼지 않는 삶의 동반자입니다. 그리고 성공이라는 의미와 행복이라는 의미를 제게 알려주는 우리 아들 민성이에게 항상 자랑스러운 아빠가 되고 싶습니다.

고려대학교 박종희 원장님, 권성우 교수님께 감사드립니다. 제가 매너리즘에 빠지지 않도록 해 주시는 분들입니다. 또한 삼진조선 강영일 회장님께 감사드립니다. 제가 이 자리에 올 수 있도록 끌어 주시고 밀어 주신 분입니다.

마지막으로 한국학술정보㈜ 채종준 대표이사님과 직원들에게 감사의 말씀을 전합니다. 작은 씨앗이 열매가 될 수 있게 도와주신 분들입니다.

　　감사합니다.

2011년 6월 1일

대한민국 최고의 인사전문가를 꿈꾸는

김인범 드림

관리자가 관리자다워야
회사가 살아남는다

회사가 성공하려면 사업모델이나, 자본·전략·제품 등 필요한 요소가 많지만, 가장 중요한 성공 요소는 회사를 구성하는 사람들이 어떤 생각을 하고 어떤 행동을 하는지가 관건이다. 직원의 생각과 행동이 장기적인 회사의 성공에 있어서 가장 근본이 되기 때문이다.

그런 이유 때문에 인사관리가 중요하고, 사람관리가 중요하고, 조직문화가 중요하다고 이야기한다. 그렇지만 올바른 인사관리, 사람관리, 조직관리는 기술적인 지식으로 해결할 수 있는 것이 아니다. 인사 시스템을 구축한다고 해서 회사의 성공을 담보할 수 있는 것이 아니라 회사의 관리자가 회사와 함께 같은 생각을 하고 행동을 하는 것이 더욱 중요하다.

회사가 성공하기 위해서 필요한 관리라는 기능의 모든 역할은 겉으로 보기에는 회사의 대표이사나 중역들이 수행할 것 같지만 회사의 중역들은 회사의 방향성을 잡아주는 역할을 할 뿐이지, 그 방향성에 맞게 전 직원들이 행동하게 만드는 역할을 하는 사람들은 바로 회사의 관리자들이다.

변화관리를 시도하는 회사를 생각해 보자. 변화관리는 위에서부터 아래로 지시를 한다고 해서 변화가 시작되는 것이 아니다. 그렇다고 아래에서 위로의 변화의 시작도 생각해 볼 수 없다. 회사 변화의 시작은 중간 매개체가 필요하다. 조직의 역학 관계에서 다리 역할을 해 주는 매개체가 필요한 것이다. 위에서부터 시작되는 변화의 필요성을 아래로 전달해 주고 아래에서 느끼는 변화의 고통을 위로 전달하면서 변화의 행동을 하나하나 보여 주고 전달해 줄 수 있는 역할이 필요하다. 우리는 그러한 필요 역할을 하는 사람을 관리자라고 부른다.

관리자의 역할

조직 변화관리에 있어서 최고 경영자의 강력한 리더십은 조직 변화의 추진력을 갖게 하지만 , 조직이 변화하기 위해서는 가장 중요한 역할을 하는 사람이 바로 중간 관리자이다.
중간 관리자가 조직의 비전을 갖고 리더십을 발휘할 경우, 조직은 한 방향으로 나아갈 수 있는 것이다.

관리자의 역할을 단순히 관리자라는 단어의 의미만을 생각해서 관리를 하는 사람이라고 의미를 부여해서는 곤란하다. 관리하는 사람으로 인정을 하게 되면 조직에서 그 역할이 통제의 기능을 수행하는 사람으로 인식이 된다. 통제라는 의미는 직원이 회사 규칙에 위배되는 행동을 하는지 관찰하고 위배되는 행동을 발견하면 그에 따르는 적정한 벌칙으로 위배 사항을 제 위치로 돌리는 작업이라는 것인데, 조직에서의 모든 관리자가 통제의 역할만을 수행한다면 조직에 몸 담고 있는 일반 직원들은 숨쉬기가 힘들어지고 고통의 회사 생활에서 벗어나려고만 할 것이다.

이제는 관리자의 진정한 역할이 무엇인지 되돌아봐야 하는 시기라고 할 수 있다. 경제 위기, 금융 위기를 거치면서 통제를 통한 조직의 관리가 어느 정도 경영의 한 방법으로 굳어지는 것처럼 보였지만, 조직 내부에서의 갈등은 계속 증폭되었고, 많은 조직이 굳어지는 조직문화를 겪으면서 새로운 조직문화를 만들기 위해서 노력하고 있다. 새로운 조직문화는 바로 제대로 된 관리자의 역할에서 출발한다.

관리자의 역할에 대해서 이 책은 관리자가 가져야 할 태도와 인간관계, 그리고 자기 성찰을 어떻게 해야 하는지를 알려 줄 것이다. 물론 관리자가 갖추어야 할 모든 내용을 이 책이 담지는 못하지만, 관리자라면 그리고 앞으로 관리자를 꿈 꾼다면 최소한 '관리자의 역할이 이런 것이구나'라는 생각을 갖도록 만들어 줄 것이다.

관리자와 리더의 역할은 다르다고 이야기를 한다. 관리자는 조직의 리스크를 관리하는 사람이고 리더는 조직원들에게 비전을 제시하는 사람이라고 이야기 하지만, 지금의 조직에서 관리자에게 요구하는 것은 리스크 관리와 비전 제시 두 가지 모두이다. 용어의 혼돈에서 관리자의 역할을 규정지을 필요는 없다. 실제 회사에서 관리자가 따로 있고, 리더가 따로 있는 것이 아니다. 회사에서의 관리자의 역할론을 살펴보면 대부분의 회사에서 바라는 관리자 상은 관리자와 리더의 역할을 모두 원하고 있다. 이 책을 읽는 독자들도 이런 관점에서 관리자를 이해하였으면 한다.

모든 새로움의 시작은 기본에서부터 출발해야 한다. 조직에서 직원의 태도나 관리자의 태도가 중요한 것은 새로움의 시작점이 될 수 있기 때문이다. 올바른 태도를 가진 직원들이 넘쳐나는 회사와 그렇지 못한 회사의 차이는 분명하게 나타난다. 성과뿐만 아니라 우리라는 조직 풍토에서도 그 차이점을 찾을 수 있고 그 차이점은 기업의 생존과도 연결이 된다.

조직 풍토에서는 우리라는 개념이 중요하다. 우리라는 개념은 서로 신뢰할 수 있는 관계에서만 존재한다. 신뢰는 아랫사람과 윗사람 모두가 서로 노력해야 이룰 수 있는 것이다. 관리자와 부하직원과의 관계는 코칭과 리더십의 관계이다. 관리자가 부하직원에게 피드백을 통하여 지속적인 코칭을 한다면, 부하직원의 성과가 올라가고 신뢰도가 올라가는 것을 보게 된다. 이러한 결과가 관리자의 리더십이라는 개념으로 설명이 되는 것이다.

관리자의 리더십은 코칭과 리더십 발현의 사이클에서 나타나지만, 그 과정에서 관리자는 스스로의 리더십 형태와 관계를 고민해야 한다. 리더십 결과는 그 과정에서 관리자가 어떻게 행동하는지에 따라 영향을 받기 때문이다. 발현되는 리더십의 모습이 카리스마적 리더십이라고 해서 훌륭한 리더십이라고 단정할 수 없다. 리더십의 발현은 회사와 관리자, 그리고 직원 간의 관계와 상황에 따라 달라지기 때문이다. 이런 상황과 관계에서 어떻게 리더십을 발휘할 것인지를 고민하는 것이 관리자의 역할이다.

책의 내용은 크게 세 단계로 구성되어 있다.

첫 번째는 관리자의 태도에 관한 이야기이다. 가장 기본적인 이야기면서 회사의 성과에 기여하기 위해서, 관리자의 역할을 제대로 수행하기 위해서, 그리고 회사 생활에서 스스로의 만족감을 얻기 위해서 필요한 능력이자 역량이라고 할 수 있다.

두 번째는 관리자와 부하직원과의 관계 구축에 관한 이야기이다. 윽박지르고 겁주고 협박해서 조직의 성과를 이루는 관리자는 그 관리자의 신분이 오래가지 못할 것이다. 관리자는 위에서 끌어주고 아래에서 밀어주어야 유지되는 신분이다. 이 원칙을 무시하고 부하직원을 마치 머슴이나 비용 발생의 원천으로 생각을 하는 관리자가 있다면 스스로 파멸의 길을 자초하는 것이나 다름없다. 부하직원과의 관계에서는 생각의 유연성이 필요하다. 그 유연성을 어떻게 가질 것인지에 대한 이야기와 부하직원의 육성에 있어서 필요한 단호함의 모습을 어떻게 가질 것인지에 대한 이야기로 채워져 있다.

세 번째는 스스로의 한계를 뛰어넘는 리더십 발현의 방법이다. 나를 먼저 생각하지 말고 다른 사람을 먼저 생각하고, 나의 입장이 아닌 다른 사람의 입장에서 모든 행동을 한다면, 스스로의 한계를 뛰어넘는 리더십이 발현될 수 있다. 회사의 자리에 연연해서 회사의 성장에 걸림돌이 됨에도 불구하고 복지부동한다면 회사도 개인도 망하게 될 수밖에 없다. 관리자 스스로가 자신보다 더 뛰어난 사람들로 회사를 가득 채우면 자신의 자리에서 쫓겨나는 결과가 생기는 것이 아니라 회사가 더욱 발전함으로써 관리자도 스스로 성장할 수 있다는 철학이 필요하다. 이러한 역지사지의 이야기와 그 과정에 대한 이야기로 세 번째 이야기가 구성되어 있다.

똑바로 선 관리자가 있다면, 그 조직이 똑바로 서게 된다. 짐 콜린스의 말처럼 버스에 태울 사람만 태운다면 다른 장애물이 있더라도 그 버스는 목적지에 도달하게 된다. 버스에 탄 사람들은 누가 지시하지 않더라도 스스로 목표를 정하고 그 목표를 달성하기 위해서 스스로 행동하기 때문이다.

이제 관리자로서 스스로의 목표를 만들어 행동으로 보여 주어야 한다. 스스로이 목표를 만들고 행동을 하는 모든 관리자에게 이 책을 바친다.

CONTENS

제3장 제대로 된 리더십을 발휘하라

나가는 글

White Shirt

제1장 관리는 당신의 태도에서부터

시작하라

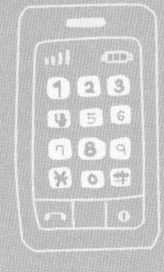

1

나무가 아닌 숲을 볼 수 있어야 한다

숲을 이루는 나무는 하나하나가 그 의미를 지니고 있다. 키가 큰 나무는 약한 나무를 지켜주는 역할을 하고, 키가 작은 나무는 큰 나무를 지탱하게끔 도와준다. 그래서 숲을 관리하는 사람은 나무의 종류와 크기만을 보고 관리를 하지 않는다. 각각의 나무가 지니는 특성과 역할을 고려하고 전체적인 숲이 제대로 숨을 쉴 수 있도록 나무를 배치하고 구성한다.

숲의 구성처럼 조직도 나무라는 기능이 각각의 역할을 가지고 구성되어 전체적인 숲을 이루고 있다. 만약 조직의 관리자가 한 기능만을 보고 그 기능이 조직의 전체적인 기능이라고 생각한다면, 한 그루의 나무를 보고 숲을 판단하는 결과를 가져온다. 조직의 관리자는 나무라는 기능도 생각을 해야 하지만, '어떻게 나무들을 구성해서 숲을 관리할 것인가'라는 주제도 항상 생각을 해야 한다.

관리자는 자기가 맡고 있는 부서의 역할만을 강조하다 보면, 조직 전체의 시각을 잊어버릴 수 있다. 그렇기 때문에 자기 부서의 역할에 대한 본질에 충실해야 한다. 관리자가 맡고 있는 부서의 본질은 숲을 만들기 위한 한 그루의 나무이다. 웅장하고 제대로 된 숲을 만들기 위해서는 어쩌면 관리자가 키우고 있는 나무를 베어낼 수도 있는데, 이에 대해서 거부감을 느끼거나 혐오감을 느껴서는 안 된다. 전체적인 숲을 살리기 위해서는 자신의 나무를 버릴 수 있는 시각을 가지고 있어야 한다.

그렇지만 현실은 그렇지가 않다는 것이 조직이 가지고 있는 고민이다. 관리자는 자신이 키우고 있는 나무만 잘 자라기를 바란다. 자신의 부하직원의 숫자가 자신의 권력으로 생각하고, 자신의 자리를 지키기 위해서 조직 전체를 바라보는 시각을 망각한다. 조직에서 필요 없는 자리임에도 관리자의 고집 때문에 어쩔 수 없이 유지하고 있는 자리가 많다는 것은 자신의 나무만을 키우겠다는 관리자의 고집 때문에 전체적인 숲이 망가질 수 있다는 것이다. 숲이 망가지고 나면, 나무는 더 이상 쓸모가 없게 된다. 쓸모없는 나무는 당연히 베어지고 버려지게 된다.

관리자가 숲을 볼 수 있는 안목을 키우기 위해서는 자신의 관심분야를 자신이 하고 있는 업무에서 벗어나 조직의 다른 면을 볼 수 있는 또 다른 시각을 가져야 한다. 자신이 맡은 부서의 이기주의를 버릴 수 있어야 한다. 회사의 전략 주요 회의의 안건을 챙기고 그 안건이 가지는 조직의 영향에 대해서 생각을 해 보고, 그 생각을 회의에서 이야기할 수 있어야 한다. 그런 방식으로 조직생활을 하다 보면 조직 전체를 바라볼 수 있는 시각을 가질 수 있게 된다.

영업 부서의 장이라면, 당장 눈앞에 보이는 영업이익에만 급급해하지 말고 조직 전체의 관점에서 미래를 볼 수 있어야 한다. 당장 눈앞의 이익이 더 커 보이지만, 미래의 이익이 조직에서는 더욱 중요할 수 있다. 지금 당장은 돈이 안 되더라도 잠재적인 제품 개발이나 잠재적인 고객이 미래의 수익을 보장할 수 있다는 생각을 가져야 한다.

연구 분야의 장이라면, 단기적인 연구 실적에 매달릴 것이 아니라 장기적인 안목을 가지고 장기적인 조직 성과에 집중을 해야 한다. 지금 시장에 출시할 수 있는 제품도 중요하지만, 회사의 미래 동력 확보라는 차원에서 거시적으로 예측하고 미래의 관점에서 제품 개발에 투자를 해야 한다.

관리 부서의 장이라면, 현재의 통제보다는 미래의 성장이라는 측면에서 의사결정을 할 수 있어야 한다. 연구 개발이 지금 당장의 제품이 아니더라도 미래에 대한 투자라면, 그 투자에 대해서 승인하고 도울 수 있는 마인드가 필요하다. 무조건적인 비용절감이 회사의 수익에 기여할 것이라는 생각보다는 사람에 대한 투자, 제품 개발에 대한 투자, 마케팅에 대한 투자 등에 대해서 눈을 뜨고 통제보다는 투자라는 개념에서 접근할 수 있는 사고가 필요하다.

물론, 관리자가 본인의 업무 이외에도 다른 기능의 업무에 대해서도 전문성을 가지고 있으면 금상첨화겠지만, 현실의 한계 때문에 그렇지 못할 것이라는 것은 누구나 이해하는 부문이다. 다른 업무에 대한 이해의 폭이 넓을수록 숲을 볼 수 있는 안목을 가질 수 있겠지만 현실의 벽이 높다고 느끼는 것은 개인의 능력보다는 외부의 환경에 기인할 수밖에 없는 조직의 특성 때문일 것이다.

하지만 그렇다 하더라고 관리자가 되면 지금 현재보다는 미래에 대한 시각을 가져야 하고, 미래에 대한 시각을 갖기 위해서는 작은 나무 한 그루가 아니라 숲을 볼 수 있는 안목이 필요하다는 것을 인정하고 수용해야 한다.

관리자의 시각

리더의 시각은 자신의 업무에만 국한돼서는 안 된다.
리더는 조직의 전반적인 전략 방향성에 맞추어 자신의 성과를 창출할 수 있는 방안에 대해서 생각을 하고 실행을 해야 한다.
리더는 장기적인 시각이 있어야 하며 통찰력을 가지고 있어야만 조직의 성과 가치에 기여할 수 있다.

2

경영자의 입장에서 생각해야 한다

업무를 하는 데 있어서 그냥 시키는 일만 하겠다는 직원과 '내가 사장이라면 일을 어떻게 처리할 것인가'라고 생각을 하는 직원은 회사에서의 행동이 다르다. 보고서를 만들 때도 그냥 보고서이기 때문에 보고서를 만드는 직원과 경영자의 시각에서 어떻게 의사결정을 할 것인지를 고민하고 만드는 보고서는 질적인 차이를 가져온다. 그래서 경영자의 시각을 가지라고 많은 회사의 대표이사들이 그렇게 목소리를 높이는 것이다.

회사에 대한 충성심이 중요하다고 이야기하지만, 경제 위기 이후에 한국의 기업들은 수많은 구조조정을 통하여 평생직장의 이미지를 잃어버렸다. 많은 직장인들도 평생직장이라는 개념보다는 평생직업이라는 개념에 더 몰입을 하게 되었다. 이런 환경에서 회사에 충성을 하라고 이야기하는 것은 시대착오적인 발상이 된다. 부하직원을 관리하는 데 있어서 시대착오적인 발상을 하는 관리자들이 부하직원과 제대로 된 관계를 만들기가 어렵다고 이야기하는 것은 이런 상황적 논리를 이해하지 못하기 때문이다.

그래서 관리자들은 부하직원들에게 회사에 대한 충성심을 요구하기보다는 회사 경영자의 시각을 갖도록 강조해야 한다. 평생직업이라는 관점에서도 경영자의 시각은 개인의 경력관리에도 도움이 되고, 당장의 회사 생활에서도 성공할 수 있는 것이기 때문에 경영자의 시각을 강조해야 한다.

경영자의 시각이라는 것은 스스로의 자발성을 포함한다. 사회적 이슈를 보고 이런 이슈가 회사에 어떻게 영향을 미치는지를 생각하고, 그 결과를 예측해서 보고할 수 있는 자발성을 포함한다. 이는 사안이나 사건의 본질을 생각하는 능력과도 연관성이 있기 때문에 개인의 능력을 키우는 방법이 되기도 한다.

관리자는 먼저 자신의 시각을 경영자의 시각으로 바꿔야 한다. 그리고 부하직원들이 이런 시각을 갖도록 멘토가 되어야 한다. 관리자가 실무자의 시각을 가지고 있다면 부하직원들은 관리자에게 신뢰를 보내지 않게 될 뿐 아니라, 관리자가 실무자이기 때문에 관리자 본인들도 그 실무자의 테두리에서 벗어나지 못하게 되어 스스로 매너리즘에 빠지게 된다. 부하직원을 회사의 중요한 인재로 키워야 하는 관리자의 역할 관점에서 보면 실무형 관리자는 회사의 기반을 흔드는 원인이 된다.

회사는 경영자의 역량을 가진 직원들이 많을수록 발전을 한다. 자신의 회사인 것처럼 생각하고 하나의 의사결정을 내릴 때에도 회사의 대표이사처럼 행동하는 직원들이 많을수록 회사는 성장하는데, 경영자의 시각을 갖고 있는 관리자만이 경영자의 역량을 갖는 부하직원을 만들 수 있다.

3

직원 채용과 조직 성과와의 상관관계를
이해해야 한다

관리자는 자기가 속한 부서에서의 모든 활동이 부서 성과와 직접
적인 관계가 있다는 것을 인지해야 한다. 물론 부서에서의 활동은 조
직의 성과에도 직접적인 영향을 미친다.

그런데 회사의 많은 관리자들이 이 점은 간과하는 것 같다. 예를
들어 보자. 많은 관리자들은 얼마나 많은 부하직원을 데리고 있는지
가 자기 부서의 힘이 되고, 관리자의 힘으로 생각을 하는 것 같다. 그
래서 관리자들은 어떻게 하든지 부하직원의 수를 늘리고자 하는 경
향이 있다. 그렇지만 부하직원 1명을 늘리는 것은 부서의 성과에 영향
을 준다. 새로운 직원 1명으로 인하여 부서는 다른 직원들이 그만큼
의 성과를 추가로 부담해야 한다. 솔직히 직원 1명을 늘리고 나서 부
서의 성과가 줄어드는 결과를 원하는 경영자는 없다.

그렇기 때문에 관리자는 직원 1명을 늘리는 데 있어서도 부서의

성과에 대해서 고민을 하고 단기적인 과제와 장기적인 과제에 대해서 생각을 해야 한다.

단기적인 과제는 당장의 성과가 줄어드는 것에 대해서 어떻게 이를 만회할 것인지에 대해서 고민을 해야 한다. 영업부서라면 매출을 조금 더 확보해야 하고, 관리부서라면 조직 전체의 성과에 대해서 어떻게 기여할 것인지를 고민하고 실제로 조직 성과에 기여할 수 있는 방법을 찾아야 한다.

장기적인 관점에 보면, 관리자는 죄소한 3년을 내다보고 부서의 전략을 계획하고 운영해야 한다. 1명의 기존 직원이 퇴사를 했다고, 그 인원수를 채우기 위해서 직원을 채용하는 것이 아니라 장기적인 관점에서 부서의 전략에 따라 부서인원을 고민해야 한다. 관리자는 필요하면 부서의 직원 수를 줄이는 방법도 생각을 해야 한다. 올바른 관리자는 직원 숫자를 늘리기보다는 조직의 성과에 기여하는 방향에서 적정 수의 직원을 유지하고 그 직원들을 육성하고 관리해야 하는 것이다.

영업부서의 관리자는 신제품 개발이라든가 신시장 개척, 신규 고객 확보, 매출의 신장 등을 고려해서 장기적 인력계획을 수립하고 실행해야 한다. 관리부서의 관리자는 조직 전체의 매출 확장, 조직 전체의 직원 수의 확대, 벤치마킹할 수 있는 회사와의 비교 등을 통해서 인력계획을 수립하고 실행해야 한다. 그러한 관점에서 인력계획을 수립하고 인력수급에 따른 인력 요청을 한다면 회사는 당연히 그 요청을 수용하게 될 것이다.

직원 1명을 충원하는 데 있어 들어가는 비용은 단순히 해당 직원의 연봉수준이 아니다. 직원을 유지하기 위해서는 간접비용이 꽤 소요된다. 회사의 위치와 규모에 따라 다르겠지만 개략적으로 1억 원 이상의 비용을 수반한다. 특히 경력사원인 경우에는 그 절대금액의 크기는 더욱 커진다.

회사가 영업이익 1억을 확보하기 위해서 매출을 얼마나 더 확대해야 하는지 관리자는 그 의미와 방법을 알고 있어야 한다. 알고만 있어서는 안 되고 그만큼의 매출을 확보해야 하고, 기존 직원들에게도 이 사실을 인지시켜야 한다. 새로운 직원은 관리자보다는 다른 직원들과 일을 하는 데 있어 더 많은 시간을 보내게 된다. 부서의 기존 직원들이 새로운 직원 채용에 대해서 그 의미를 수용하고 이해를 한다면 자신들도 스스로 일에 대한 몰입도를 높이려고 노력할 것이고, 스스로 신규채용에 대한 의미를 수용했기 때문에 새로운 직원에게도 많은 열정을 쏟게 될 것이다.

일 자체가 재미있는 것이 아니라
재미있게 일을 하도록 만들어줘야 한다

관리자가 자주 하는 말이 있다. "회사생활과 일을 재미있게 하자"는 것이다. 관리자가 이 말을 했을 때 부하직원이 진정성 있는 이야기로 인정할 것인지에 대해서는 개인적으로 부정적이다.

재미있게 일을 하자고 이야기한 바로 그 관리자 때문에 일이 지겨워질 수 있다. '즐겁다'라는 의미를 관리자와 부하직원이 다르게 받아들일 수 있기 때문이다.

그리고 솔직히 일이 재미가 있을 수 있을지도 의문이다. 직장생활을 왜 하냐고 물어보면 대부분의 직장인이 밥 먹고 살기 위해서 직장생활을 한다고 답하는 사람이 매우 많다. 밥 먹고 살려고 일을 하는 직원들은 일을 즐겁게 할 수가 없다. 그렇기 때문에 무턱대고 부하직원들에게 일을 재미있게 하라고 강요한다고 해서 재미있는 일이 될 수는 없다.

관리자와 부하직원이 일에 대한 시각 차가 다르다는 것도 인정해야 한다. 관리자의 역할과 책임이 부하직원의 역할과 책임이 다르기 때문에 일을 보는 시각도 다를 수 있다. 부서의 성과를 책임지고 있는 관리자 입장에서는 일에 대한 책임과 성과를 내는 것 자체가 재미있는 일이라고 느낄 수 있지만, 부하직원의 입장에서 보면 부서의 성과가 재미있는 일로 바로 연결이 되지는 않는다. 부서의 성과를 내기 위해서는 자신만의 방식과 책임이 필요하지만, 부하직원에게는 그런 방식으로 일을 할 수 있는 권한이 없는 것이 사실이다. 그런 직원이 일에 대해서 몰입을 하고 재미를 가질 수 없는 것은 자연의 이치와도 같은 것이다.

관리자들은 재미있는 일에 대한 의미를 새롭게 해석하고 수용할 수 있어야 한다.

이미 실무에서 벗어난 관리자가 가져야 할 일의 즐거움은 부하직원들에게 윽박지르고 권위를 내세우는 권력이 아니라, 부하직원들이 진실된 마음으로 자기를 따르고 그 직원들이 커 가는 모습을 지켜보고 축하해 주는 것이다. 부하직원들은 관리자와 더불어 조직에서 성장하면서, 스스로 일에 대한 자부심을 갖는 것이 일에서의 즐거움이 되는 것이다.

부하직원들에게 일을 열심히 즐겁게 하자고 독려하면서 정작 본인은 스스로의 역할과 책임은 이행하지 않으면 아무리 마음씨 좋은 부하직원들도 일에서의 진실된 즐거움은 얻을 수 없게 된다. 회식 한 번 더 하고, 월급 조금 더 준다고 해서 부하직원들이 즐겁게 일을 하는 것이 아니다. 부하직원들을 사람으로서 존중하고 인정해야 부하직원들이 자신의 일에 가치를 부여하는 것이다.

부서의 조직풍토는 관리자가 만드는 것이다. 서로 존중하는 신뢰의 문화로 만들 것인지 아니면 일만 죽어라 하고 서로 관심이 없는 조직으로 만들지는 바로 관리자의 행동이 결정하게 된다. 관리자가 스스로를 낮추고 자신이 성공하기 위해서는 부하직원들이 일에서 성공을 해야 한다는 것을 깨닫고 부하직원늘을 존중하는 태노를 보여야만 존중의 신뢰문화가 구축되는 것이다.

일에 대한 즐거움은 일 자체에서 오는 것이 아니다. 그 일을 함께 하는 동료들과 관리자로부터 생기는 것이다. 의사소통이 자연스럽고 서로 부담이 없고 함께 고민을 하는 조직을 만들어야 그 고민 속에서 서로가 성장하고 그 성장 과정에서 일이 재미있고 즐겁다는 생각이 드는 것이다.

5

사회적 이슈가 회사에 미칠 영향을
해석할 수 있어야 한다

회사에서는 대부분의 관리자가 회사 비용으로 신문을 구독하고
있다. 비용의 많고 적음을 떠나서 회사에서는 신문 구독 비용을 부담
하는 이유가 있다. 관리자의 개인 재테크를 위해서 신문을 사 주지는
않는다. 관행적으로 신문을 보도록 권하는 것도 아니다.

분명히 회사가 비용을 지불하면서까지 관리자에게 신문을 사 주
는 이유가 있다. 회사가 왜 회사비용으로 관리자에게 신문을 사 주는
것인지 그 이유에 대한 본질적 이유를 관리자들은 알고 있어야 한다.
그 이유를 안다면 그 이유에 합당한 행동을 해야 한다.

사회적·경제적 이슈가 생기면, '아하, 요새는 이런 일이 사회적,
경제적 이슈가 되는구나'라고 생각만 하는 관리자는 관리자로서의 자
격 미달이라고 감히 말할 수 있다. 어떤 사회적·경제적 이슈가 생기
면, 적어도 관리자라면 그 이슈가 회사에 또는 부서에 어떤 영향을 미

칠 것인지를 생각해 보아야 한다.

영업부서라면 경쟁자의 동향에 관한 기사를 읽게 되면 경쟁사의 동향에 따라서 향후 회사의 영업에 어떤 영향을 미쳐서 회사의 성과에 어떤 영향을 줄 것인지, 그 영향에 따른 우리 회사와 부서의 대응전략을 어떻게 수립해서 대처를 해야 할 것인지에 대해서 고민을 해야 한다.

관리부서라면 어떤 사회적 이슈로 인해서 회사에 미치는 법률적·사회적 문제가 무엇인지, 그 예측되는 결과에 따라 어떻게 대처할 것인지를 고민해야 하고 순비해야 한다.

심지어 관리자는 개인적으로 책을 읽을 때에도 책을 통해서 배운 점이 회사에 도움이 된다고 판단이 되면, 그 내용을 회사에 공유하고 부하직원과 공유할 줄 알아야 한다.

회사에 너무 몰입한다고 생각할 수도 있겠지만, 경쟁사의 관리자들은 이미 몸에 배어 있는 행동들이다. 경쟁사보다 적극성과 추진력이 뒤처진다면 그 회사의 발전은 더딜 수밖에 없다. 아니, 발전이 더딘 게 아니라 경쟁에서 밀리고 결국 시장에서 도태될 것이다.

관리자가 되면 회사에서는 그에 걸맞은 대우를 하게 마련이다. 그만큼 많은 대우를 하는 것은 회사에 대한 몰입도를 대우하는 것 이상으로 요구하는 것이다. 회사에서 지시한 경우에만 행동하는 것은 관리자로써 책임을 회피하는 행동이다. 자발적으로 회사를 위한 행동이 발현되어야 한다.

6

회사의 핵심적인 정보 파이프 라인을 나의 것으로 만들어야 한다

회사의 정보는 항상 흐르고 있다. 회사의 정보는 정체되어 있는 것이 아니라 작은 강물이 흘러서 강을 이루듯 계속해서 흐르고 있다. '정보의 흐름 속에서 어떻게 그 정보를 자신의 정보로 만들 것인가'라는 주제는 관리자의 능력을 대표하는 요소라고 할 수 있다.

회사는 곳곳에 정보의 파이프 라인을 가지고 있다. 사실 우리가 무관심해서 잘 모를 뿐이지 조금만 관심을 가지면 그 파이프 라인이 어떻게 형성되고 어떻게 흘러가는지 알 수 있다. 정보의 흐름을 알게 되면 그 파이프 라인을 자기 것으로 만들어서 회사에 어떻게 긍정적인 정보 흐름을 가져갈 것인지 고민해야 하는 것도 관리자의 몫이다.

관리자는 회사의 정보에 대해서 부하직원보다는 그 원천에 대해서 쉽게 접근할 수가 있다. 무슨 아이디 카드가 있어서 회사의 데이터베이스에 접속을 해서 회사의 기밀에 접근할 수 있다는 이야기가 아니다. 회사의 주요 사항은 전부 공개가 되는 것이 원칙이기 때문에 다른 모든 관리자나 직원들도 알 수가 있는 정보이다. 다만, 관리자가 되면 자신의 업무에서 최고 경영자가 의사결정을 하는 데 있어 그 과정에서 정보를 쉽게 알 수가 있고, 다른 관리자와의 의사소통 과정에서도 회사의 또 다른 정보를 쉽게 얻을 수가 있다.

고급 정보를 얻게 되면 그 고급 정보를 제대로 활용해야 한다. 관리자보고 회사에서 얻은 정보를 다른 사람에게 이야기하라고 말하는 것이 아니다. 적어도 회사의 성과에 기여할 수 있는 측면에서, 그리고 자신의 부하직원들과 업무의 성과를 만들기 위해서 필요한 정보를 공유해야 한다는 것이다.

실제로 조직의 파이프 라인은 사람과의 연결이다. 인맥관리, 인적 네트워크가 중요하다고 이야기하는 것은 그 사람들로부터 다양하고 많은 정보를 얻을 수 있기 때문이다. 조직도 마찬가지다. 조직에서의 많은 임직원들로부터 다양하고 필요한 정보를 획득할 수 있다.

관리자가 되면 많은 사람들과 접할 수 있는 기회가 많이 생기게 되는데, 그냥 얼굴만 아는 사이로 관계를 맺게 되면 조직의 파이프 라인을 스스로 저버리는 결과를 가져오게 된다.

조직의 그 많은 정보 파이프 라인 중에서도 핵심적인 파이프 라인이 존재하는데, 그 파이프 라인을 찾아서 내 것으로 만드는 것이 중요하다.

정치를 하는 것도 능력이다

회사에서 정치라고 하면 무조건 거부감이 드는 것은 사내 정치가 바로 아부라는 생각이 들기 때문이다. 물론 이 말이 전혀 틀린 말이라고는 할 수 없다. 한국 기업문화에서 보면, 줄 서기가 무슨 관행처럼 여겨지고 제대로 줄 서기를 잘해야 경영진이 될 수도 있기 때문이다.

그렇다고 무조건 거부감을 가질 필요는 없다. 적어도 관리자라면 자신의 회사에서의 성공을 위해서는 필요한 역량일 수도 있기 때문이다.

역량이라는 관점에서 생각을 해 보면, 한국 기업에서는 찾아보기 힘들지만 미국 기업에서는 정치력이라는 역량이 있다. 정치력은 협상력과 인간관계론, 그리고 조직 성공학의 결정체라고 할 수 있다. 기업문화가 국가문화에 영향을 받기 때문에 미국 기업에서만 찾아볼 수 있는 역량일 수도 있지만, 미국 기업에서 중요하게 생각하는 역량이라는 것 자체에서 시사점이 있다고 할 수 있다. 미국 기업에서는 한국 기업에서 볼 수 있는 사람의 *끈끈한* 정이 상대적으로 적기 때문에 정치력도 그 낱말의 의미 이상의 것을 찾아보기는 어렵다. 여하튼 정치력도 역량이라는 점에서 우리는 의미를 부여할 필요가 있다.

아부를 하고 줄 서기를 하라고 권하는 것이 아니다. 하지만, 관리자가 되면 대내외부적으로 협상을 할 줄 알아야 하고, 인간관계를 다양하고 폭넓게 가져야 하고, 회사에서 경영진이 되고자 하는 비전을 가져야 하기 때문에 이러한 요소들의 합인 정치력을 능력으로 가져야 한다는 것이다.

정치력에 대한 의미에 대한 해석은 사람마다 다르겠지만, 이러한 관점에서 정치력을 이해하면 관리자의 필요 역량이라는 생각이 들게 될 것이다.

그리고 솔직히 말하면, 관리자가 되고 난 이후에 조직의 성공 사다리에서 더 높게 올라가기 위해서는 상하좌우에 있는 모든 이해 관계자들과 좋은 관계를 유지해야 하고, 필요하면 관계 유지를 위해서 정치적 수완도 발휘를 해야 한다. 조직은 사람의 집합체이기 때문에 사람과의 관계에서 그 사람이 원하는 것을 들어주고 원하는 것을 갖도록 만들어 주면, 그 사람이 바로 나의 편이 될 수 있다. 사람과의 관계에서는 진정성도 중요하지만, 어떤 관계에서는 무언가를 줄 수 있어야 그 관계가 유지되는 경우도 있다.

8

현상이 아니라 사물의 본질을 이해할 수 있어야 한다

겉으로 보이는 것은 단지 하나의 모습일 뿐, 우리가 보고자 하는 바가 아니다. 일반적으로 사람들은 겉으로 보이는 것에 매몰되는 경향이 있다. 본질에 대한 이해보다는 그냥 있는 그대로의 것을 수용하는 것은 자신의 편안함만을 추구하기 때문에 나타나는 결과이다.

관리자가 되면 회사의 이슈에 대해서 그 현상만을 보는 것이 아니라 그 현상에서 감추어진 본질을 찾을 수 있어야 한다.

관리자의 역할 중에 하나는 자신의 부하직원에 대한 관리이다. 만약 부하직원이 이직을 한다고 하면 대부분의 관리자들은 먼저 면담을 하려고 한다. 면담을 통해서 그 부하직원이 가지고 있는 회사에 대한 불만이 무엇인지, 그 불만이 해결되면 계속 회사에서 근무할 것인지를 물어보는데, 사실 이직을 결심한 부하직원은 핑계 아닌 핑계를 이유로 이직을 하겠다고 할 것이다. 그 핑계 아닌 핑계가 바로 겉으로 보이는 것에 속한다. 그렇기 때문에 이직 이유에 대한 본질을 찾으려고 노력을 해야 한다. 그 부하직원을 잡기 위해서 그런 노력이 필요한 것이 아니라 스스로 본질을 찾을 수 있는 능력을 키워야 하고, 그 본질을 가지고 앞으로 부서운영에 있어 해결책을 만들고 관리해야 하기 때문에 필요하다.

신문을 보면서도 이런 능력을 활용해야 한다. 신문에 나온 기사는 사실만을 다루고 있다. 다시 말하면 현상만을 이야기하는 것인데, 그 현상에는 나름대로의 감추어진 본질이 있다. 그 본질을 알 수 있는 능력을 키워야 사회 현상을 제대로 이해할 수 있는 것이고, 제대로 이해를 한 본질을 바탕으로 조직에 필요한 실질적인 대응 방안을 만들 수 있는 것이다. 본질도 아닌 사실에만 집착을 하면 노력과 투자를 해서 만든 대응책이 무용지물이 되고 만다.

한 사물에 대한 외향적인 사실이 아닌 감추어진 본질을 찾는 것은 쉬운 능력이 아니다. 하지만 관리자가 회사의 성과에 기여하기 위해서는 매출을 늘리는 것 이외에도 리스크 관리를 잘해야 하는데. 바로 본질을 찾을 수 있는 능력이 스스로의 리스크 관리 능력을 키울 수 있는 역량이 될 수 있는 것이다.

현장이 답이다

관리자가 자신의 업무를 잘 하려면 가장 먼저 알아야 할 것이 바로 현장이다. 자신의 일이 현장 업무가 아니더라도, 현장에서 벌어지는 일을 알아야 제대로 된 관리를 할 수 있게 된다.

현장의 중요성은 이미 많은 사람이 강조했기 때문에 더 이상 새로운 이야기가 아니다. 하지만 많은 사람이 현장에 대한 감각이 중요하다는 것을 알지만, 현실에서는 그 괴리감이 있는 것이 사실이다. 그 괴리감이 생기는 이유는 관리자가 실무자의 역할을 하기 때문이다. 실무자이다 보니, 자신의 업무만 잘 하면 된다고 생각을 하게 되고 다른 부서의 업무는 관심을 가지지 않기 때문에 현장을 알 수가 없게 된다.

현장은 직접적으로 돈을 벌어 주는 곳을 말한다. 공장이 될 수도 있고, 영업부서가 될 수도 있고, 고객을 직접 상대하는 곳이 될 수도 있다. 현장이 중요한 것은 관리자가 조직을 운영하기 위해서는 그 현장을 어떻게 활성화시켜야 하는지에 대한 고민에서 출발해야 하기 때문이다. 이렇게 말하면 '현장만 중요하고 다른 부서는 중요하지 않는 것이냐'라고 말하는 사람도 있겠지만, 극단적으로 말하면 회사에서는 '그렇다'라고 말할 수도 있다. 관리자가 현장이 아닌 다른 부서에서 일을 하고 있다고 해서 부서의 전략과 운영을 기획할 때 현장의 목소리를 무시해서는 안 된다. 현장의 목소리에 맞추어 부서의 전략과 운영계획을 수립해야 한다. 관리자와 그 부서의 직원들의 월급은 그 현장에서의 고객들로부터 나오기 때문이다.

현장을 알기 위해서는 그 현장에 직접 뛰어들어 현장의 생생함을 느껴보는 것이 가장 좋은 방법이다. 그 방법이 가능하다면 제일 먼저 추천하고 싶은 방식이지만, 현실의 한계가 있기 때문에 모든 회사에서 가능한 방법은 아닐 것이다.

그러면 현장을 알려면 또 다른 어떤 방법이 있는지 궁금할 것이다. 현장을 알기 위해서 간접적인 방법으로 취할 수 있는 것은 현장과 관련된 회의에 참석하는 방법이다. 현장 관련 회의에서는 현장에서 발생하는 모든 문제들이 거론되고 토론되기 때문에 현장을 알 수 있는 간접적인 방법이 된다.

그리고 그 과정에서 우리 부서와 관련된 이야기도 나오기 때문에 그 관련된 이야기를 듣고 현장에서 느끼는 애로사항을 풀어주는 방식을 제안하는 것이 현장의 목소리를 듣고 회사의 성과에 기여하는

방법이 되는 것이다.

회사 존재의 원천은 돈을 벌어야 한다는 것이다. 돈을 벌어주는 곳은 현장이기 때문에 회사의 어떤 부서에서 근무를 하는 관리자라도 현장의 목소리를 들어야 하고, 그 목소리를 듣고 해결책을 모색해야 한다.

10

칭찬은 부하직원을 춤추게 한다

한국 기업에서는 칭찬에 어색해하는 관리자들이 많다. 관리자들의 관리자들이 그랬고, 관리자들의 아버지들이 그랬기 때문일 것이다. 칭찬에 어색하다기보다는 약간은 창피스럽게 생각을 한다. 사실은 칭찬이라는 것이 알고 보면 무척이나 단순한 행동인데도 여전히 많은 관리자가 어려워한다.

'수고했다', '잘 했다'라는 말을 하기가 얼마나 어려우면, '회사 활성화 방안에 칭찬 카드를 도입해서 운영하는 것일까'라는 생각이 든다. 칭찬 카드 제도는 특별한 제도가 아니다. 부하직원이나 동료가 회사 내에서 칭찬받을 일이 생겼을 때 칭찬 쿠폰을 나누어 주는 것인데, 나중에 이 칭찬 쿠폰을 가지고 본인이 필요한 다른 상품으로 교환할 수 있도록 만든 제도이다. 말로 칭찬을 하지 못하는 경우가 많다 보니, 말보다는 칭찬 쿠폰으로 대체한 경우라고 할 수 있다. 제도의 취지는 좋지만, 얼마나 칭찬하기가 어려운 것인지를 역으로 생각하게 만드는 제도이다. 이런 제도라도 운영을 하는 회사는 그래도 나은 편이다. 이런 제도라도 있으니, 다시 한 번 직원들의 행동을 살펴보고 직원들에게 칭찬을 할 수 있기 때문이다.

칭찬은 돈이 전혀 들지 않는 행위다. 그냥 따뜻한 말 한마디 건네는 과정일 뿐이다. 그런데도 많은 직원들이 이 칭찬에 목이 말라 있다는 것이 아이러니일 뿐이다.

회사 내에서 칭찬을 받은 직원들의 감성과 행동에 대해서 생각해 보자. 칭찬을 받은 부하직원들은 겉으로는 크게 내색을 하지 않지만, 본인이 회사에 기여한다고 생각하게 된다. 회사에 기여를 하는 직원이기 때문에 회사에서 인정을 받고, 상사에게도 인정받는다고 생각을 한다. 조직 생활이라서 무미건조하게 자신의 정체성이나 꿈과는 별개의 생활이라고 생각했던 직원들도 칭찬을 받게 되면, 칭찬을 받을 수 있는 또 다른 행동을 함으로써 그 칭찬에 기여하고자 노력한다.

사람은 기대하는 만큼 행동한다고 한다. 기대를 많이 하고 칭찬을 많이 받은 직원들이 기대 이상의 행동을 한다는 것이다. 제대로 된 관리자들이라면 이러한 직원들의 심리를 이해하고 다독거려야 한다. 관리자가 가져야 할 역량 중에 하나가 사람과의 관계에서의 심리학이 필요하다고 이야기하는 이유가 여기에 있는 것이다.

칭찬은 고래도 춤추게 한다고 한다. 하물며 사람인데, 칭찬을 하게 되면 춤 이상을 보여 주는 것이 당연하다.

칭찬에 어색해하거나 인색하지 말자. 회사에서 보상은 금전적인 보상만이 있는 것이 아니다. 비금전적인 보상이라고 하더라도 직원들의 마음을 움직일 수 있는 칭찬은 감성 리더십의 시작이다. 보상 관점에서 보면 성과를 내는 직원들에게는 즉시 보상이 효과적이라고 한다. 즉시 보상은 물질적인 것으로 하기에는 시간이나 비용 측면에서 한계가 있다. 칭찬은 즉시 보상에 있어서 가장 효과적인 도구이다.

관리자가 일상적으로 부하직원들에게 칭찬을 하게 되면, 부하직원들에게 되돌려 받는 것이 있다. 바로 리더십과 존경이다.

직원들에게 동기 부여하는 피드백은 어떤 것인가?

보상에는 크게 두 가지가 있다.
금전적인 보상과 비 금전적인 보상으로 나눌수 있는데 특히 비 금전적인 보상인 조직원에 대한 격려와 지지는 상당히 큰 동기 부여를 할 수 있는 방법이다.

11

책을 읽는 것이 리더십의
시작이 될 수 있다

책을 읽는 관리자와 책을 읽지 않는 관리자는 어떤 차이가 있는지 생각을 해 보자. 아무 차이가 없을 것이라고 생각을 할 수도 있지만, 확실한 차이가 있다.

책을 읽는 관리자는 부하직원들 입장에서 보면, 항상 노력하는 관리자의 이미지를 풍긴다. 관리자가 업무 이외에도 자신의 자기 계발 차원에서 노력을 하고 있다는 생각에 함부로 대할 수 없는 내공의 소유자라고 느끼게 된다. 그런 생각은 겉으로는 존경의 행동으로 나타나게 된다.

실제로도 책을 읽는 관리자의 내공은 우리가 생각하는 것 이상을 가지고 있다. 책을 많이 읽게 되면 여러 가지 상식을 많이 아는 것도 있지만, 책을 읽으면서 생기는 논리력과 의사소통 방식도 큰 장점이 된다. 말을 할 때도 책을 많이 읽는 관리자에게서는 무언가 고급스러운 대화의 기법을 볼 수 있다. 대화를 하면서 부하 직원들이 하나라도 더 배울 게 있다는 생각이 들수록 그 관리자를 더 신뢰하게 되는 것은 자연스러운 일이다.

책을 읽는 관리자는 다른 사람의 삶에서 많은 것을 경험을 하게 된다. 다른 관리자들이 왜 실패하는지, 조직에서 어떻게 행동하는 것이 올바른 리더십의 발현인지, 조직에서 성공하기 위해서 필요한 행동들이 어떤 것인지 다른 사람들이 잘 이야기해 주지 않는 내용이라도 간접경험을 통해서 알게 됨으로써 스스로 행농을 간섭성험을 통해서 얻은 지식과 연결시키려고 노력한다.

물론 리더십 관련 책을 많이 읽는다고 훌륭한 리더십의 소유자가 되는 것은 아니다. 책을 읽고 거기서 느낀 점을 스스로의 행동으로 옮길 수 있는 사람만이 훌륭한 리더십의 소유자가 될 수 있는 것이다.

책을 읽는 관리자는 표현력에서도 탁월한 성과를 보인다. 단지 대화를 위한 표현력이 아니라 발표를 위한 표현력과 보고서를 만드는 표현력에서도 남들과는 다른 능력을 보여 준다.

너무나도 당연한 이야기지만, 업무 과정에서 이런 능력을 보여 주는 관리자가 많지 않은 것이 사실이다. 흔히들 이런 이야기를 한다. 40세까지의 지식과 경험으로 앞으로 20년을 살아야 한다고 말이다. 과거의 유산을 듬뿍 담은 이야기이다. 지금은 공부를 하지 않으면 살아남을 수가 없는 세상이다. 세상의 변화가 너무나도 빨라서 아침에 일어나면 세상이 변했다고 신문들이 아우성을 친다. 이런 세상에 스스로 공부를 하지 않고 과거의 경험만으로 미래를 살 수 있다고 생각하는 관리자는 살아남을 수가 없는 것이다.

그 유명한 석학인 피터 드러커도 자신의 지식의 갱신 주기를 3년이라고 이야기를 했다. 세상이 변하기 때문에 자신의 새로운 지식을 3년 주기로 채우지 않으면 도태된다고 생각한 것이다. 3년 주기로 지식의 갱신을 하는 사람은 많지 않다. 더구나 직장인들에게 3년 주기로 자신의 직업을 바꾸라고 이야기하는 것은 너무나도 힘든 일이다. 아무도 그렇게 직업을 바꿀 수는 없다. 하지만 직업을 바꾼다는 생각으로 자기 계발에 투자를 해야 한다. 자기 계발에 있어서 가장 비용이 적게 드는 투자 방법은 책을 읽는 것이다.

12

작은 것에 관심을 가져야 한다

『디테일의 힘』이나 『깨진 유리창의 법칙』이라는 책에서 강조하는 것은 사소함의 중요성이다. 회사 생활도 마찬가지이다. 남들은 사소하다고 생각하고 무시한 일이 나중에 큰 일이 되는 경우가 흔하다.

신문에 보도되는 많은 회사의 비리는, 사소하다고 생각했기 때문에 아무도 챙기지 않아서 발생한 경우가 대부분이다. 사람들은 사소하기 때문에 덜 챙기는 경향이 있다. 회사의 쓰레기통에 무엇이 있는지 신경조차 쓰지 않는 것을 당연하게 생각하는 것이 지금의 현상이지만, 회사의 쓰레기통에 회사의 기밀이 있을 수도 있다.

아니라고 생각하겠지만, 특히 기밀이 많은 회사가 용역을 주면서까지 폐지처리를 하는 것은 '그 폐지 때문에 회사의 기밀이 유출되지 않을까'라는 혹시나 하는 마음에서이다. 아무리 기밀이 없다고 이야기하더라도 기밀이 없는 회사는 없다. 그렇다고 관리자가 일일이 쓰레기통을 뒤질 수는 없는 것이다. 관리자의 역할에서 쓰레기통을 뒤지라는 역할은 존재하지 않기 때문이다. 하지만 관리자가 해야 할 일은 쓰레기통을 뒤지는 일이 발생하지 않도록 만드는 것이다.

이렇게 이야기하는 것을 오해하지 말기 바란다. 관리자보고 업무의 세세한 부분까지 알아야 하고 간섭을 하라고 말하는 것이 아니다. 업무에 대한 책임은 업무분장을 통하여 개인의 성과책임을 명확히 알도록 해 주는 것이다. 관리자가 세세한 업무까지 신경 쓸 시간이 있으면 그 시간을 더욱 중요하고 가치 있는 일에 집중해야 한다. 그런 과정 속에서도 남들이 사소하다고 생각해서 신경 쓰지 않는 일에 관리자가 신경을 쓰고 있다고 부하직원들이 느끼도록 만들어야 한다.

아무리 사소한 일이더라도 관리자가 신경을 쓰고 있다는 것 자체가 중요하다. 관리자가 신경 쓰는 일을 부하 직원들이 사소하다고 아무렇지 않게 생각하지는 않는다. 관리자는 인사권을 가지고 있는 사람이기 때문에 관리자에게 중요한 일은 부하직원들에게도 중요한 일인 것이다. 인사권을 남용하는 것이 아니라 올바른 행동을 유도하도록 인사권을 사용해야 하는 것이다.

깨진 유리창 때문에 사건 사고가 더 많아진다는 이야기는, 신경 쓰지 않는 작은 사소한 일이 큰 사건 사고로 이어진다는 말이다. 큰 범죄를 막기 위해 청소라는 사소한 문제 해결부터 시작한 것에서 우리는 시사점을 가질 수 있다.

회사 주변에는 사소한 일이 너무나 많이 있다. 이면지를 쓰는 행위도, 이면지 뒤에 있는 내용이 무엇인지를 생각해 보아야 한다. 책상에 먼지가 쌓여 있다면, 고객 입장에서 어떻게 생각할지를 생각해 보아야 한다. 회사 정문에 회사 로고가 비뚤어져 있다면 지나가는 사람들이 어떻게 생각할지를 생각해야 한다.

관리자는 이러한 사소한 일이 자신의 집 안에서 벌어진다고 생각하고 사소한 일을 바로 잡기 위해서 실천하고, 선행을 통해 부하직원에게 보여 주어야 한다.

부하직원은 그러한 관리자의 행농을 보고, 그 관리사를 판난하게 될 것이다.

13

비용절감의 시작은 프로세스 개선에서 출발한다

비용절감은 회사의 비용을 줄이는 단순한 행동이라고 생각을 하면 더 이상 발전이 없는 관리자가 되고 만다. 비용 절감이 단순히 볼펜 한 자루 아끼는 행동이라고 생각하면 비용절감이 비용확대가 되는 경우가 발생한다.

흔히 회사에서 말하는 비용절감의 사례를 생각해 보자. 많은 회사에서 이면지 활용을 가장 대표적인 비용절감의 사례로 꼽고 있는데, 사실 이면지 활용은 두 가지 측면에서 문제를 일으킨다.

첫 번째는 비용확대가 된다는 것이다. 이면지를 쓰게 되면 종이 사용을 줄일 수 있지만 프린터의 토너 생명을 단축시키는 결과를 가져온다. 너무나 당연한 이야기이고 회사의 모든 임직원들이 다 아는 사실인데도 이면지 활용을 장려하는 것은 보여 주기 위한 비용절감 행위일 뿐이다. 종이를 사용하는 데 드는 비용과 토너 교체 비용을 생각해 봐도, 너무나도 단순한 이야기인데 회사에서 비용절감을 하라고 하니 뭔가를 해야겠고, 그러다 보니 꺼내는 카드가 이면지 활용인 것이다.

두 번째 문제점은 이면지 활용은 회사의 비밀스러운 정보가 유출될 수 있는 가능성이 있다는 것이다. 아무 생각 없이 사용한 이면지에 있는 내용이 어쩌면 회사의 중요한 정보가 담겨 있는 내용일 수도 있다. 이면지라고 쉽게 생각을 하고 아무에게나 보여 주다 보면 회사의 기밀이 자신도 모르게 유출될 수 있다는 생각을 해야 한다.

관리자가 되면 비용절감의 진정한 가치를 알고 이를 실행할 수 있어야 한다. 비용절감을 사무용품의 절약이라고 생각을 하는 관리자는 단지 실무자의 수준에 있는 직원일 뿐이다.

비용절감의 가치는 어떻게 회사의 생산성을 높일 수 있는지를 고민하는 것에서부터 출발한다. 회사의 생산성은 프로세스 개선을 통해서 이루어 낼 수 있다. 회사 업무의 프로세스는 우리가 무의식적이고 관행적으로 운영하는 것들이 존재한다. 관행이기 때문에 일은 하지만, 일의 가치에는 도움이 안 되는 부가적인 것들이다. 이런 부가적이고 관행적인 업무를 없애거나 바꾸는 행위들이 진정한 프로세스 개선이자 비용절감이 된다.

관행적인 업무 대신에 가치 있는 업무에 조금 더 집중하고 업무 성과를 올릴 수 있는 행위에 집중해야 회사의 생산성을 올릴 수 있는 것이다. 비용절감은 바로 이렇게 관행적인 업무를 없애고 조금 더 가치 있는 업무로의 전환을 의미하는 것이다.

관리자는 의식적으로 올바른 비용절감의 가치를 항상 생각하고, 비용절감이 제대로 실행되기 위해서 부하직원의 사고체계를 바꾸는 작업을 행해야 한다.

그러려면 부하직원이 가지고 있는 프로세스 개선에 대한 많은 아이디어를 받아들여야 한다. 신입사원은 회사의 관행에 물들지 않은 사람들이다. 신입사원의 시각에서 불합리하다고 느끼는 업무의 관행이 있다면, 신입사원의 시각을 받아들이고 업무를 변경할 줄 알아야 한다.

관리자가 아무리 말로만 비용절감이 중요하고 프로세스 개선이 중요하다고 외쳐 봐야 그 말을 진정으로 수용하는 부하직원은 많지 않을 것이다. 부하직원이 약간은 냉소적인 태도를 갖는 이유는 관리자가 말로만 중요성을 강조하기 때문이다. 관리자는 사소한 것이라고 하더라도 부하직원들의 신선한 아이디어를 받아들이고 행동으로 옮겨야, 그제야 부하직원들도 관리자의 의도와 행동을 받아들이고 비용절감과 프로세스 개선에 동참하게 되는 것이다.

그리고 비용절감의 사례를 지식경영화시켜야 한다. 지식경영은 직원들이 가지고 있는 가치와 경험을 형식화하여 회사 내에 전파하여 그 가치를 다른 직원들이 실행할 수 있도록 만드는 작업을 하는 시스템이다. 비용절감을 지식경영화시키는 것도 관리자의 몫이라고 할 수 있다. 하나의 프로세스 개선이 비용절감에 어떻게 영향을 미쳐서 회사의 생산성을 높였는지, 그 사례를 회사 내에서 서로 공유하게 되면 직원들이 비용절감의 진정한 의미를 알고 행동하게 된다. 적어도 부서 내에서 이런 활동을 장려하고 서로 공유하도록 유도만 하더라도, 비용절감이 가져오는 효과를 만끽할 수 있고 직원들의 의견에 대해서 유연성과 수용성을 가진 관리자가 되는 것이다.

14

리스크 관리를 해야 한다

관리자의 역할 중에 또 하나 중요한 일은 업무에 있어 리스크를 관리하는 것이다. 그런데 우리는 리스크 관리라고 하면 당연히 재무적 리스크만을 생각하는 경향이 있다. 물론 회사에서 재무와 관련된 리스크를 가장 중요하게 생각해야 한다. 그리고 실제로 재무적 리스크에 많은 시간과 노력을 집중해야 하는 것도 맞는 이야기이다.

영업부서에서 거래업체가 부도가 나면, 회사에 큰 손실이 되기 때문에 거래업체 관리는 당연한 것이다. 관리부서에서는 혹시나 발생할 수 있는 회사 비리가 생기지 않도록 시스템을 정비하고 그런 일이 발생한 경우에 어떻게 대처할 것인지에 대해서 생각을 해야 한다. 이렇듯 많은 회사가 재무적 리스크 예방에 많은 노력을 집중해야 회사가 안정적으로 생존할 수 있다.

하지만 회사의 리스크라고 하면 무조건 재무적 리스크만이 존재하는 것은 아니다.

인사관리 측면에서 리스크 관리라고 하면 고용차별이라든가 성적 희롱, 유능한 직원의 유출까지도 생각해 볼 수 있다. 고용차별에 대한 사전적, 사후적 관리는 인사부서에서 하기 때문에 모든 관리자의 역할이라고 말할 수는 없지만, 성적 희롱이라던가 유능한 직원에 대한 유출은 순전히 관리자의 책임이라고 할 수 있다. 성적 희롱 예방책을 단지 인사부서에서 주도하는 연간 실행하는 교육에만 의존을 해서는 안 된다. 교육은 교육을 받을 때 삼시 기억을 하세끔 도와주는 역할 이외에 별다른 효과가 없다. 관리자가 회사 생활 전반에 있어서 남녀 간에 성적 희롱 사건이 있는지 조심해서 관찰을 해야 하고, 그러한 성적 희롱 사건이 발생하면 회사 매뉴얼에 따라 처리를 해야 한다. 개인적 친분 관계나 같은 성이라는 이유로 편견을 가지고 처리를 하면 뒷감당이 더욱 힘들어질 뿐이다. 관리자가 객관적인 시각과 태도로 일관성 있게 관리를 하는 것이 중요하다. 유능한 직원에 대한 유출 예방도 회사 생활 전반에 있어, 직원들의 관심사나 어려워하는 점 등을 체크하고 면담하고 해결책이 있으면 제시를 해야, 제대로 된 인사관리가 이루어질 수 있는 것이다. 유능한 직원이 다른 회사로 이직을 하겠다는 말을 듣고 나서야, '어이쿠야, 이게 무슨 일인가'라고 사후적 관리만 하면 매번 소 잃고 외양간만 고치게 되는 것이다.

관리자라면 외부시장에 대한 리스크 관리에도 민감해야 한다. 외환 시장의 움직임이나 유가의 움직임 등 회사에 직접적, 간접적 영향을 줄 수 있는 변수에 관심을 가져야 한다. 특히 제품을 만들어 수출을 하는 회사라면, 물건을 만들어 파는 것도 중요하지만 수출하는 시점의 환율이 기업 성과에 영향을 주기 때문에 관리자가 항상 관심을 가져야 리스크 변수가 된다.

자신이 하는 업무에 따라 신경을 써야 할 리스크는 이 외에도 무수히 많다. 공장 관리자는 공장의 안전이라든가, 환경 오염의 문제가 리스크가 될 수 있고, 물류 회사에서는 선박 관련 사고가 리스크가 될 수 있으며, 정보관리 부서에는 회사의 정보 유출이 리스크가 될 수 있다.

그렇기 때문에 단지, 재무적 관점에서 리스크를 볼 것이 아니라 회사 전반 곳곳에 있는 리스크를 관리할 수 있는 관리자가 되어야 한다. 사소한 일에서 리스크는 발생하는 것이다. 그리고 리스크는 사후관리보다는 사전관리가 더욱 중요하다.

15

가치 있는 업무를 먼저 해야 한다

일은 열심히 하는 것도 중요하지만, 가치 있게 일을 하는 것이 더욱 중요하다. 가치 있는 일이란 개인의 판단에 의해서 좌지우지되는 것이 아니다. 시간의 긴박성과 중요도에 따라 일의 가치가 좌우된다.

상식적인 이야기이지만 실행이 쉽지가 않다. 실제로 회사 생활을 하다 보면 여러 가지 업무가 한꺼번에 몰리는 상황이 발생하여 한 가지 일도 제대로 끝낼 수가 없게 되는 경우가 있다. 이런 경우에는 일의 가치에 따라 우선순위를 정해야 하는데 그 우선순위는 긴급성과 중요도를 기준으로 나눌 수 있다. 시간관리에서 가장 흔하게 이야기하는 것임에도 실제 업무에서는 그 기준에 따라 일을 분류하기 힘든 경우가 많다. 이 원칙을 지키지 못하는 것은 개인마다 일에 대한 중요도와 긴박성을 다른 시각으로 보기 때문이다.

사람마다 일에 대한 가치가 다르기 때문에 한 부서의 직원들의 다양한 시각이 존재한다. 이때 바로 그 키를 쥐고 방향성을 알려 주어야 하는 사람이 관리자이다.

관리자는 자신의 업무에 있어서는 많은 경험과 지식을 겸비한 사람이다. 꼭 그렇지 않더라고 최소한 많은 경험이라도 가지고 있는 사람이 대부분 관리자의 역할을 수행한다. 자신의 경험에 따라 회사의 성과 차원에서 일에 대한 중요도와 긴급성에 대한 기준을 정할 수 있다. 그런 업무를 하라고 회사는 관리자에게 월급을 주는 것이다. 부하 직원들의 다양한 시각을 하나의 초점으로 모으고 그 능력을 집중시키게끔 도와주는 역할을 관리자는 수행해야 한다.

실제로도 부서에서 어떤 일을 가장 중요하게 생각하고 실행해야 되는지 관리자는 머릿속으로 다 그리고 있다. 그 머릿속 그림을 부하 직원들에게 보여 주어야 한다. 혼자 하겠다고, 그리고 그 머릿속 지도가 자신의 능력인 것처럼 생각하고 부하직원들과 공유를 하지 않게 되면, 부하직원들의 다양한 해석이 생기게 된다. 그러면 다시 일은 원점으로 돌아가 어떤 일을 먼저 할지를 모르고 나중에 해도 되는 업무를 먼저 하게 되는 일들이 발생하는 것이다.

개인의 시간관리에서도 중요한 원칙이지만, 한 부서의 장으로서 관리자의 부서 시간관리를 위해서도 필요한 원칙이다.

관리자는 자신의 시간관리처럼 부서의 시간도 관리해야 한다. 또한 일에 대한 시간관리 못지않게 중요한 것이 일에 대한 책임자 선정임을 알고 있어야 한다. 일에 대한 방향성과 함께 그 일을 누가 언제 어떻게 완성할 것인지를 명확하게 지시하는 것도 부서의 시간관리에서 빼놓을 수 없는 중요한 관리자의 과제이다.

16

아는 것이 많다는 것을
능력으로 착각하지 말자

두 유형의 관리자가 있다. 한 유형은 아는 것도 많으면서 아는 것을 알려 줄 때도 익은 벼가 머리를 숙이듯이 겸손하게 알려 준다. 다른 유형의 관리자 역시 아는 것은 많은데 그 앎을 가지고 항상 잘난 척을 한다. 이 유형의 관리자는 자신이 아니면 부서가 운영될 수 없다고 생각하고, 회사에서 제일 잘난 사람으로 자기를 추켜세우고 회사에서 그만큼의 대접을 받기를 원한다. 게다가 아랫사람을 자기보다 모른다는 이유로 깔보는 성향까지 갖춘 위대한 사람이다.

부하직원 입장에서 어떤 유형의 관리자를 따를지는 굳이 말하지 않아도 알 수 있다. 왜 똑같이 아는 것이 많은 관리자인데도 그렇게 행동은 극과 극을 이루는지 정확히 알 수는 없지만, 아마도 자격지심이 아닐까라는 생각이 든다. 항상 관대한 사람은 자기 자신에 대한 자부심을 가지고 있고 항상 자신감이 있는 사람이다. 반대로 자기만을 내세우는 사람은 어딘지 모르게 패배주의에 빠져 있고 다른 사람이 자신을 음해하거나 자신의 자리를 빼앗을까 봐 걱정이 많은 사람이다.

아는 것이 많다고 해서 꼭 능력이 있는 사람이라고 단정할 수는 없다. 관리자에 대한 판단은 관리자가 보여 주는 태도에서 관리자로서의 그릇을 판단할 수 있다. 능력이 탁월하다고 해서 겸손치 않고 자기만을 내세우는 사람은 조직원으로서 자격도 없지만, 관리자로서의 자격은 더욱 함양 미달이다. 관리자는 그 그릇이 세상을 담아도 될 만큼 크기가 커야 한다. 물론 세상을 담을 수순의 그릇이 되기 위해서는 많은 경험과 공부가 필요하지만, 최소한 그런 능력의 잠재성은 보여 주어야 한다.

자기만 아는 관리자는 조직 전체를 생각하지 못하는 사람이 될 수 있고, 부하직원들과 끝없는 불화를 만들 수 있다.

부하직원들에게 무조건 잘해 주라고 이야기하는 것이 아니다. 관리자는 관리자가 행하는 하나의 행동에도 그 행동에 따른 책임을 져야 하고, 사소하지만 다른 직원들에게 보여 주는 하나의 행동에도 기품이 있어야 한다. 그런 관리자를 부하직원은 존경하고 따르는 것이다. 그렇게 행동을 해야지 회사에서 성공하고 인생에서 성공을 하는 것이다.

우리 주위를 한 번 살펴보자. 자신이 잘나서 그 위치에 있다고 생각하는 관리자가 너무나 많은 세상이다. 자기PR 시대라고 이야기하지만 자신을 광고하는 것인지 자만한 태도인지 구별해야 한다. 관리자 본인이 구별하지 못하겠다고 이야기하지 말자. 부하직원은 누가 시키지 않아도 어떤 관리자가 자신감에서 나오는 행동을 하는지, 어떤 관리자가 자만심에서 나오는 행동을 하는지를 구별을 하고 누구를 따를 것인지를 결정한다.

17

소통의 시작은 관리자의 몫이다

의사소통에서 가장 중요한 능력은 말을 잘하는 능력이 아니라, 다른 사람의 말을 잘 들어주고 호응해 주는 것이다. 사람들은 대화를 하면서 습관적으로 자신이 먼저 말을 하려고 무의식적으로 상대방의 말을 중간에 끊는 경우가 종종 있다. 그만큼 경청 훈련이 되어 있지 않은 것이다.

심지어 대화하면서 상대방의 말을 듣는 것처럼 행동하지만 머릿속으로 딴생각을 하고 있기 때문에 겉으로만 이야기를 듣고 실제로는 이야기를 듣지 않는 경우가 흔하다.

특히 관리자와 부하직원과의 대화에서, 조직의 수직 구조라는 특성 때문에 관리자만 이야기를 하는 경우도 흔하고, 서로 이야기를 하는 과정에서도 관리자는 부하직원의 말을 끊고 일방적인 이야기를 하는 경우도 흔하다.

요즘 회사마다 회의 문화에 대해서 많은 이야기가 있다. 결론이 나지 않는 회의, 항상 관리자만 이야기하다가 끝나는 회의, 회의 주제도 모르고 들어와서 비판만 하는 관리자 등 회의 문화의 문제를 지적하고 회의 문화 개선을 부르짖는 회사가 점점 늘어나는 추세인 것 같다.

회의 문화가 문제가 되는 것은 관리자의 경청 기술과 수용 기술이 부족하기 때문이다. 회의 주제와는 상관없이 끝없이 자신만의, 자신에 대한 이야기만 하는 관리자 때문에 부하직원이 힘들어하는 것이고, 무슨 이야기만 하면 잠자코 있으라는 관리자 때문에 부하직원은 회의에서 한 마디도 하지 않는 것이다. 대부분의 관리자들이 회의 시간을 정적이고 소극적이고 수동적으로 이끌면서 회의 문화를 개선하자고 소리치는 쪽도 관리자이다.

조직풍토는 관리자가 만들어 가는 것이다. 조직 전반에 흐르는 조직문화와는 다르게 한 부서의 조직풍토는 그 조직을 이끄는 관리자의 운영 방식에 의해 좌우된다.

다른 사람의 말에 귀를 기울이지 않는 관리자의 독선은 부서의 이기주의를 낳고 무관심을 낳는다. 부하직원들의 무관심이 생겨난 부서에서는 부하직원들은 복지부동하게 되고 어떻게 하면 이 회사를 떠날 수 있을지를 고민하게 된다. 부서의 성과가 떨어지게 되는 것은 당연한 결과이다.

그런데도 관리자는 그 이유를 모르고 있는 경우가 다반사이다. 이유를 모르기 때문에 엉뚱한 처방을 내리는 것도 관리자이다. 회식

한 번 더 하고 비싼 음식을 산다고 해서 부하직원의 무관심이 관심으로 돌아가지는 않는다. 평상시에 서로의 인격을 존중하고 서로 대화를 수용할 수 있는 조직풍토를 만드는 것이 중요하다.

　조직풍토는 관리자의 행동에서 시작된다. 관리자가 부하직원의 이야기를 경청한다면 경청의 조직풍토가 자리 잡을 수 있다.

18

진정한 의미의 권력은 부하직원들이 만들어 주는 것이다

권위와 권력을 혼동해서는 안 된다. 관리자의 권력은 스스로 만드는 것이 아니다. 부하직원들의 존경에서부터 나오는 것이 관리자의 권력이다. 이것은 당연한 진리이지만, 이를 부정하고 스스로 권력을 만들려는 관리자들이 있다. 이 유형의 관리자들이 보여 주는 공통적인 태도의 모습은 대부분 권위적이라는 것이다.

권위적인 모습의 가장 대표적인 유형이 카리스마적 관리자이다. 리더십의 유형도 시대적 상황에 따라 다르다. 지금처럼 변화의 시대에서는 카리스마가 넘치는 관리자의 권위적인 모습에 부하직원들이 동의하고 수용하기에는 거부감이 있다.

스스로 권력을 만들려는 관리자의 특징은 다른 사람을 배려하지 않는다는 것이다. 권력을 스스로 만들었기 때문에 그 권력을 지키고, 그 권력을 사용하고자 하는 욕구가 강한 사람들이라고 할 수 있다.

다른 사람에 대한 배려보다는 다른 사람 위에 군림하려고 하기 때문에 동료라는 개념이 존재하지 않는다. 권위적인 태도만이 자신의 권력을 지킬 수 있는 유일한 수단이 되는 것이다.

그러면 과연 권력이나 권위에 대한 정당성이 얼마나 오래갈 수 있는지 생각해 볼 필요가 있다. 실제로 겪은 사례를 소개하면, 회사 외부에서 능력이 있는 임원을 영입했는데 그 임원이 스스로 권위적 행위로 권력을 추구하다 보니, 주변 사람들을 배려하지 않고 독선적이고 독단적 태도를 보여 주었다. 결국 부하직원의 원망의 소리는 섬섬 높아졌고 그 임원은 회사에서 쫓겨났다.

또 다른 사례에서는, 임원이 되기 전에는 항상 겸손한 태도의 사람이었는데 임원이 되기 위해서 모든 방법과 수단을 사용하다 보니 부하직원들과 점점 대화하는 시간이 줄어들고 결국에는 권력지향적 성향으로 변하게 되면서 그 임원도 결국에는 1년을 넘기지 못하고 회사를 관뒀다.

이처럼 권위적인 태도를 가지고 권력을 추구하는 사람들의 대부분의 말로는 좋지 않게 끝나는 경우가 많다. 이 유형의 관리자가 잊고 있는 것은 진정한 권력은 부하직원들의 존경에서 나온다는 점이다.

스스로 권력을 만들려는 관리자는 권위적이지만, 직원들이 만들어 준 권력을 가진 관리자는 배려를 할 줄 아는 사람이다. 진정한 권력의 의미는 신뢰와 존경이라는 요소를 가지고 있다.

19

버스에 같이 탈 수 있는 사람만 관리해야 한다

사람관리의 최우선은 버스에 함께 탈 수 있는 사람을 선별하는 것이다. 관리자는 제대로 된 사람을 선별할 수 있는 눈을 가지고 있어야 한다. 같이 회사의 성과에 기여하고 성장할 수 있는지 사람에 대한 안목을 가지고 있어야 한다.

능력만 있는 사람은 태도에 문제가 있을 수 있고, 태도만 좋은 사람은 일을 하는 데 있어 문제를 만들 수 있다. 그래서 능력도 있고 회사의 코드와 맞는 사람을 뽑는 데 많은 노력을 기울여야 한다.

제대로 된 사람을 버스에 태우면, 목적지를 정해 주지 않아도 버스에 탄 사람들이 목적지를 정해서 그 목적지에 도달하도록 최선을 다한다고 한다. 이렇게 스스로 목표를 정하고 그 목표를 위해서 거침없이 달릴 수 있는 인재를 뽑아야 한다. 그런 인재로 가득 찬 회사가 좋은 기업에서 위대한 기업으로 도약할 수 있는 것이다.

사람을 보는 안목을 기르기 위해서는 먼저 관리자 스스로가 회사에서 인정받는 관리자가 되어야 한다. 본인은 회사에서 인정받지도 못하면서 인재를 뽑겠다고 말하는 것은 앞뒤가 맞지 않는다. 설령 인재를 뽑았다 하더라도 그 인재가 그런 상황을 알게 되면 다른 곳으로 도망갈 확률이 높다.

그리고 사람과의 만남에서 채용 여부에 상관없이 그 사람의 됨됨이를 볼 수 있도록 노력을 해야 한다. 사람과의 잦은 만남에서 본인이 다른 사람들이 가지고 있는 사람됨이라는 능력을 보기 위해서 노력하다 보면 언젠가부터 스스로가 그런 능력을 가졌다는 생각이 들 것이다.

인재를 뽑는 활동이 사람관리의 전부는 아니다. 훌륭한 인재를 뽑고도 사람관리에 실패를 하게 되면 그 인재가 다른 곳으로 가거나, 아니면 훌륭한 인재가 보통 인재로 변하게 된다. 인재를 뽑고 나면 그에 맞는 대접을 해 줘야 한다. 금전적인 보상을 높게 해 주라고 말하는 것이 아니다. 연봉 수준이 높다고 해도 지금의 인재는 스스로가 매너리즘에 빠지거나 회사에서 배울 것이 없다고 느끼면 바로 다른 곳으로 떠나는 것이 일반적이다.

인재관리는 회사가 끝없이 인재에게 관심을 가지고 있다는 것을 보여 주어야 하고, 인재가 회사와 더불어 발전을 지속적으로 하고 있다는 생각이 들도록 만들어 주어야 하는 것이다. 회사의 프로젝트가 있으면 기존 업무를 관리자가 하더라도 그 프로젝트에 인재를 파견해서 역량을 키울 수 있는 기회를 만들어 주어야 하고, 인재가 관리자의 능력을 뛰어넘도록 독려를 하고 지원을 해야 한다.

관리자는 부하직원이 관리자의 능력을 뛰어넘는 것이 관리자의 자리를 위태롭게 하는 것이 아니라, 서로의 부족한 부분을 보완함으로써 회사를 더욱 발전시키고 함께 발전할 수 있는 기회라고 생각해야 한다.

그리고 관리자는 인재와 사소한 이야깃거리라도 자주 대화를 해야 한다. 한 마디도 안 하고 하루를 보내면 그만큼 거리감이 생기게 되는 것이다. 그 거리감은 인재의 마음을 움직여 관심이 무관심으로 바뀌었다고 생각을 하게 될 수도 있다. 싱거운 농담이라도 자주 이야기를 하고 서로의 관심사를 확인하고 도움을 줄 수 있는 것이 있는지 항상 살펴봐야 한다.

성공에 대해서는 유리창을 보고, 실패에 대해서는 거울을 봐야 한다

지금의 인재는 자신과 같이 일을 해야 하는 관리자의 능력, 태도, 인성, 성품 등 모든 관리자의 자질을 평가하고 해당 관리자와 계속 같이 일할 것인지, 아니면 다른 길을 선택할 것인지를 판단한다. 관리자가 능력이 부족하거나 태도에 문제가 있거나 혹은 인성이나 성품에 문제가 있다고 판단이 되면 자리를 박차고 나가는 것이 지금의 현실이다.

그렇다고 관리자 입장에서 최근 인재들의 이러한 성향 때문에 사람관리를 함에 있어서 주눅이 들 필요는 없다. 본인이 스스로 판단을 해서 본인의 행동이 정당하다고 판단을 하는데, 부하직원이 주관적인 판단에 따른 관리자의 자질을 이유로 협박 아닌 협박을 한다면 그런 부하직원들에게는 단호한 모습을 보여 주는 것이 올바른 리더십의 발현이다.

회사생활에 있어서 부하직원들이 가장 민감하게 반응하는 행동은 조직 성과와 성과급에 대한 관리자의 철학과 태도에 관한 것이다. 회사 성과가 좋고 부서의 성과가 높으면 회사는 성과급이라는 금전적 보상을 지급한다. 부서의 성과에 대한 성과급 배분 문제는 직원들의 직접적인 보상관계이기 때문에 직원들의 관심이 높을 수밖에 없다. 그래서 관리자의 보상 배분의 공정성에 대한 철학이 중요하기 때문에 관리자는 거울을 보는 것이 아니라 유리창을 볼 수 있는 태도가 필요한 것이다.

관리자가 자신만 잘해서 회사의 성과가 높아지고 부서의 성과가 높아졌다고 생각을 하게 되면 성과급 배분에 있어 자기 몫을 먼저 챙기겠다는 생각이 들게 된다. 실제로 관리자가 회사 성과에 기여한 바가 제일 높다고 하더라도, 관리자는 성과에 대해서 거울이 아닌 유리창을 볼 수 있는 태도를 견지하고 나의 성과보다는 부하직원의 성과를 먼저 생각할 줄 알아야 한다. 유리창은 투명하고 반사가 되지 않는 물질이다. 유리창은 시야에 들어오는 그대로의 모습을 여과 없이 보여 주고 나의 시선을 여과 없이 투영한다. 유리창의 시각은 나의 공보다는 다른 부하직원의 공을 먼저 볼 수 있게 만들어 준다. 관리자의 희생을 강조하는 것이 아니라, 그런 시각으로 부하직원의 입장과 기여의 크기를 봐야 한다고 이야기하는 것이다. 나보다는 부하직원을 먼저 생각하는 관리자의 부하직원들도 유리창의 법칙을 적용해서 관리자를 보게 된다. 베푼 만큼 돌려받는다는 원칙이 여기에도 적용된다. 그런 의미에서라도 관리자는 나보다는 먼저 부하직원을, 나의 입장보다는 상대방의 입장을 고려하는 태도가 필요하다.

성공에서의 원칙뿐만 아니라 관리자는 실패의 원칙에 대해서도 올바른 태도를 가지고 있어야 한다. 회사에서, 부서에서 발생한 실패를 부하직원의 책임으로 전가하는 것이 아니라 관리자가 가져가야 할 책임으로 생각할 줄 아는 거울의 법칙을 인정해야 한다. 거울은 모든 사물을 반사하는 물질이다. 회사나 부서의 실패를 거울로 비추어 보면 그 거울에 비추는 형상은 관리자의 그림자뿐이다. 이렇게 실패에 대해서는 유리창을 보는 것이 아니라 거울을 볼 줄 아는 시각이 필요하다.

유리창과 거울의 차이

위대한 기업을 이끈 리더들의 특징은 절대 환경이나 남의 탓으로 실패의 원인을 찾지 않았다는 것이다.

실패의 원인을 자기 자신으로부터 찾았으며, 성공은 항상 내 주변 사람들에게 공을 돌린다는 것이다.

리더는 혼자 만들어지는 것이 아니다. 리더는 많은 사람들이 추종할 때에만 존재하는 것이다.

이런한 점에서 위대한 리더들의 덕목이 잘 나타난다

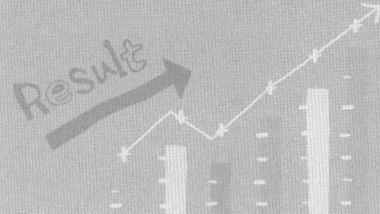

제2장 부하직원과 원만한 관계를

만들어라

부하직원의 다양한 의견을
존중해야 한다

사물을 보는 시각이나 문제 해결에 접근하는 방식은 사람마다 다르다. 또한 한 가지 문제에 대한 해결 방안도 여러 가지가 있을 수 있다.

관리자는 자신의 의견이 절대적이라는 생각을 버려야 한다. 가장 좋은 문제 해결 방안은 여러 사람의 다양성이 인정된 과정에서 나오는 것이다. 경청의 기술과는 다른 역량이다. 다른 사람의 말을 들어주는 것과 다른 사람의 의견을 존중하는 것은 약간의 차이가 있다.

회사에서 발생하는 많은 문제를 해결하기 위해서는 다양한 사람의 의견을 들어 봐야 한다. 최근에 말하는 집단 지성도 이런 맥락에서 이해할 수 있다. 한 사람의 의견보다는 집단의 의사결정이 훌륭한 결과를 가져온다는 것이 집단 지성의 개념이다.

부하직원의 다양성에 대한 인정은 그 직원을 믿는다는 신호를 보내는 것과 같다. 관리자의 부하직원에 대한 신뢰에 대해서 부하직원의 태도는 조직과 관리자에 대한 존중과 열정으로 나타난다. 최근 경제 상황이 평생직장의 개념을 희석시키고 평생직업의 개념을 중요하게 이슈화하는데, 이런 환경은 조직에서 조직원들에게 무한한 충성심을 요구하지 못하게 만든다. 충성심을 요구한다고 해도 조직원은 겉으로만 충성심이 있는 것처럼 흉내 낼 뿐이다. 마음에서 우러나오는 충성심이 아닌 것이다. 오히려 지금은 조직에 대한 충성심보다는 일에 대한 열정이 더 가치 있다고 할 수 있다. 부하직원에 대한 다양성의 인정과 믿음이 조직원의 열정을 만드는 것이다.

관리자 역시, 부하직원의 다양성을 인정함으로써 스스로 열정을 만들어 낼 수 있다. 자신이 미처 생각하지 못하는 분야에 대한 부하직원의 의견 수렴은 스스로 조금 더 발전하고자 노력하는 원동력이 되기 때문에 열정이 자가 발전할 수 있는 것이다.

결과적으로 부하직원의 다양성 인정은 조직의 집단 지성을 만들게 되고, 관리자를 포함하여 모든 조직원들에게 열정을 불러올 수 있고, 서로 존중의 기회를 만들어 주기 때문에 중요하다.

관리자가 제대로 알아야
권한위임도 가능한 것이다

조직을 활성화하려면 권한위임이 중요하다고 말한다. 권한위임은 관리자의 업무 영역을 부하직원에게 위임하는 행위이다. 단순히 업무만을 위임하는 것이 아니라 책임과 권한도 함께 위임하는 것이다.

권한위임이 중요하다고 말하는 것은 권한위임을 통해 부하직원이 즐겁고 열심히 일할 수 있도록 동기를 부여해 주기 때문이다. 따라서 부하직원은 자신이 하는 일에 성취감을 느낄 수 있고 관리자는 반복적인 업무보다는 고차원적인 전략 업무에 몰두할 수 있어 조직의 생산성이 높아지게 된다.

하지만 권한위임에는 두 가지 위험요소가 있다. 하나는 책임에 대한 전가 부분이고, 두 번째는 권한위임의 전제조건에 대한 무시에 따른 관리자와의 갈등 문제이다.

책임에 대한 전가라는 것은 관리자가 권한위임을 하고 나서도 실무자 역할을 하다 보니 발생하는 문제이다. 관리자는 실무를 오래 한 경험을 가지고 있기 때문에 실무에 능할 수밖에 없다. 그런데 실무에서 손을 떼고 전략적 업무를 하라고 하니, 자신의 업무를 빼앗긴 듯한 느낌이 들고 업무적으로도 부하직원을 제대로 믿지 못하게 된다. 그래서 대부분의 관리자가 계속 실무를 하게 되는 것이다. 부하직원을 믿지 못하고, 자신의 일은 빼앗긴 것 같고, 실무에는 자신감이 있다 보니 부하직원에게 권한은 주지 않고 책임만 위임하게 된다. 부하직원의 입장에서는 권한은 없고 책임 타령만 하는 관리자 때문에 일에 대한 동기부여는 고사하고 관리자와 계속해서 갈등만 만들어지니, 회사가 싫어지고 관리자가 싫어지게 되는 것이다. 결국에는 이직이란 비참한 결과를 초래하기도 한다.

권한위임에 대한 전제조건은 관리자가 해당 업무에 대해서 실무적으로 제대로 알아야 한다는 것이다. 부하직원을 코칭하기 위해서는 해당 업무를 제대로 알아야만 가능한데, 해당 업무를 제대로 모르고 권한위임을 하다 보니, 권한위임을 하고 나서 부하직원을 제대로 이끌어 주지 못하게 되는 것이다. 처음 권한위임을 받은 부하직원은 관리자에게 기댈 수밖에 없는데 관리자가 아는 것이 없으니 물어보지도 못하고 그렇다고 권한을 행사하자니 부담만 커지는 결과가 되는 것이다. 결국 이러한 부담은 관리자와의 갈등으로 이어진다. 관리자에게 배신감을 느끼며 나중에는 관리자를 무시하는 행위까지도 하게 된다.

권한위임의 전제조건에서 관리자는 권한위임이 단순히 업무를 넘겨주는 행위가 아니라 책임과 권한을 넘겨주면서 실제도 업무를 어떻게 처리하는지에 대한 방법까지도 알려 줘야 하는 책임이 있는 것이다.

관리자는 업무를 몰라도, 부하직원을 잘 다독이면 그것이 관리자의 역할이라고 말을 하는 사람들이 있다. 물론 부하직원을 잘 다독이는 행위는 관리자의 역할이지만, 그것이 권한위임의 전부는 아니다. 권한위임으로 발생할 수 있는 갈등 여지는 그런 사고를 가진 사람들이 만들어 내는 것이다. 지금의 신입사원들은 관리자에게 무언가 하나라도 배울 것이 없다고 생각하면 그 조직을 떠나는 성향을 지닌 사람들이다. 그런 사람들에게 '정'으로만 회사와 업무에 대한 몰입을 강조할 수 는 없다.

관리자가 실무에 대해서 잘 모른다면, 권한위임을 하면서 부하직원에게 그 사실을 이야기해야 한다. 그러면서 서로 앞으로 일을 협업으로 하자는 의견을 내고 그 부하직원과 업무의 과제를 풀어가야 한다.

부하직원에게 실무를 잘 모른다고 이야기하는 것은 창피한 것이 아니다. 그리고 관리자의 경력이면 부하직원보다 실무를 더 빨리 익힐 수 있는 능력을 가지고 있는 사람이기 때문에 지금 당장 업무를 모른다고 해서 제대로 된 권한위임을 못하는 것은 아니다.

23

부하직원이 도전할 수 있도록
도와주어야 한다

대부분의 관리자는 부하직원이 업무 중에 실수하면 꾸짖고 화를 낸다. 그러한 행동은 해당 부하직원의 감정을 상하게 할 뿐만 아니라 다른 부하직원에게도 나쁜 영향을 미친다. 부하직원이 창의적이고 능동적으로 일하기보다는 자신의 실수를 우려하여 소극적으로 업무에 임하게 되고 관리자의 눈치만 살피는 YES맨으로 전락하게 된다.

업무라는 것은 실수를 통해서 배우는 것이다. 실수가 없다면 업무에 있어 완성도를 높일 수 없다.

물론, 업무에 완성도를 높이기 위해서는 부하직원의 태도도 중요하다. 관리자의 지시를 받으면 지시받은 업무를 처리하면서 그 과정마다 중간 보고를 해야 하고, 작성자 위주가 아닌 보고자 위주의 업무 처리 결과를 만들어 내야 한다. 중간 보고 과정이 있어야 업무에 실수가 있더라도 그 실수를 바로잡을 수 있고 관리자가 코칭을 해 줄 수 있는 기회가 되기 때문에 업무의 완성도가 높아지는 것이다. 코칭의 내용에는 작성자 위주의 보고서가 아니라, 보고자 위주의 보고서를 작성하는 방법도 포함된다.

부하직원의 태도 못지않게 관리자의 태도도 중요하다. 이는 관리자의 태도가 부하직원과의 관계에서 신뢰를 만들어 내기 때문인데, 작은 실수도 용납하지 않는 태도보다는 작은 실수는 업무 완성도를 높이기 위한 행동이라고 생각할 줄 알아야 하고, 비록 큰 실수라 하더라도 그것은 부하직원의 교육 투자 비용이라고 생각할 줄 알아야 한다.

관리자의 수용성이 부족하면 부하직원들은 안정적인 일만 하려고 한다. 실수가 없는 대신 도전이 없어지는 것이다. 도전이 없는 회사는 발전할 수 없고, 해당 직원도 발전할 수 없게 된다. 이런 결과는 관리자의 수용성과 대처행동에 따라 달라지게 된다.

영업부서의 부하직원이 거래처로부터 부도를 맞으면, 그 책임을 묻는 것이 아니라 어떻게든 사후 처리를 같이 하고, 다음에는 부도를 예방하기 위하여 어떻게 할 것인지를 같이 논의를 해야 한다.

관리부서의 부하직원이 작성한 보고서를 보고 글자가 틀렸다고 나무랄 것이 아니라, 보고서의 내용을 보고 조금 더 발전적인 보고서가 되기 위해서 필요한 방법을 제시하는 것이 필요하다.

관리자의 수용성이 높을수록 부하직원들은 관리자를 믿고 조금 더 도전적인 목표에 도전하게 된다. 관리자의 역할과 책임이 회사와 부서의 성과를 높이는 것이라면 부하직원들이 높은 목표를 향해 뛰도록 만들어야 한다.

실패 자산

높은 목표를 달성하고자 노력하고도 실패를 하는 경우가 있다
조직은 이러한 실패를 하나의 조직의 자산으로 조직원들과 공유하고 그 실패
에서 교훈을 배워야 한다.
이런한 실패를 통해서 축적된 지식은 향후 조직 성장의 밑거름이 된다.

24

인내가 필요하다

부하직원에게 업무를 지시하고 나서, 계속 재촉하는 관리자가 있다. 심지어 보고서 작성을 지시하고 부하직원의 옆에 앉아서 보고서가 나오기를 기다리는 관리자도 있다. 관리자가 옆에서 지켜보면 업무 능률이 오를 것이라고 생각하는데 이런 관리자는 부하직원을 하나의 소모품으로 여기는 것이다.

관리자가 옆에서 지켜보고 있으면 그 부하직원은 스트레스로 인하여 보고서의 성과가 기대한 만큼 나오지 않는다. 기대한 성과보다 보고서의 완성도가 떨어지니 관리자는 또 대놓고 부하직원에게 일을 못한다고 난리를 친다. 상황이 이렇게 전개가 되니, 부하직원이 저녁에 소주 한잔하면서 그 관리자를 욕하는 것은 보통 사람이라면 너무나도 당연한 것이다.

부하직원에게 지시를 하는 경우에는 명확하게 지시를 해야 한다.

보고서 제출일자도 명확하게 이야기해 주어야 한다. 그리고 지시한 보고서 제출일자까지는 기다릴 줄 알아야 한다. 관리자가 부하직원의 업무 성과를 기다리는 행동은 그 부하직원의 역량을 개발하게끔 도와주는 것이다. 부하직원들의 역량이 높아질수록 업무 성과도 높아지기 때문에 부서의 성과도 높아진다. 결국에는 관리자의 성과로 이어지기 때문에 장기적으로 보면 누이 좋고 매부 좋은 결과라고 할 수 있다.

그래서 관리자에게는 인내가 필요한 것이다. 관리자에게 꼭 필요한 역량 중에 하나라고 할 수 있다.

임원이 되기 위해서 부하직원들에게 업무 성과를 강요하고 성과가 나올 때까지 기다리지 못하는 관리자 유형이 있는데, 결국에 이 관리자가 임원이 되지 못하는 이유는 인내가 부족하기 때문이라고 조금은 과장되게 말할 수 있다. 관리자가 임원이 되기 위해서는 조바심이 아니라 인내가 필요하고, 부하직원들을 수용할 수 있는 포용력이 필요하다. 좋은 리더십은 관리자만 노력을 한다고 얻어지는 것이 아니다. 관리자의 상사가 끌어주고 부하직원들이 밀어주어야 좋은 리더십이 발현되는 것이다.

혼자만 살겠다고 다른 동료나 부하직원들을 밟는 사람들은 오히려 스스로가 밟히는 결과를 초래하게 된다.

부하직원의 사소한 일에도 신경을 쓸 줄 알아야 한다

무관심은 관리자와 부하직원의 사이를 완벽하게 갈라놓는다. 무관심을 받는 부하직원은 회사에서의 의미를 잃고 방황을 하게 된다. 방황하면서 관리자를 원망하고 미워하게 된다. 그러니 관리자와 사이가 좋아질 수가 없다.

심지어 퇴직할 때도 관리자를 미워하고 회사를 미워하는 마음일 수밖에 없다.

관심은 부하직원이 신바람 나게 일할 수 있는 환경을 만들어 준다. 부하직원에게 관심을 가진 관리자는 부하직원의 이야기에 귀를 기울인다. 사소한 이야기에도 귀를 기울이고, 같이 이야기하고, 즐거운 일에는 같이 즐거워하고, 슬픈 일에는 같이 슬퍼한다. 그래야만 부하직원들이 관리자를 믿고 따르게 된다.

관리자는 회사에서 부하직원과 함께 생존을 해야 하고, 발전해야 한다. 그러려면 서로 신뢰해야 하는데 바로 관심이 신뢰를 쌓을 수 있는 원천이다. 관심은 부하직원의 작지만 사소한 일에 대한 관심에서 시작된다.

관리자는 부하직원의 경조사를 챙길 줄 알아야 한다. 경조사 챙기는 것을 돈으로 해결하려고 생각하면 안 된다. 축하 편지 한 통, 위로 편지 한 통으로 부하직원의 감성에 호소해야 한다. 경조사 때 돈으로 위로 받는 것은 바로 잊히지만 감성으로 위로 받는 것은 기억에 오래 남는다.

신입사원이 입사를 하면, 부모님께 감사의 편지와 꽃다발을 보내야 하고, 부하직원이 아이를 얻게 되면 수고와 격려의 꽃다발을 보낼 수 있는 감성을 지녀야 한다.

그리고 부하직원과 항상 이야기하는 관리자가 되어야 한다. 부하직원의 고민을 들어주고 그 고민을 해결해 주거나, 최소한 부하직원의 고민을 함께 고민할 수 있어야 한다.

신뢰의 중요성

신뢰는 경영에 있어서 가장 근본적인 것이다. 리더들은 조직에서 어떻게 조직의 신뢰를 쌓아가야 할 지를 항상 고민해야 한다.
신뢰가 없는 조직은 더 이상 발전이 없는 조직이다. 이러한 조직에서는 조직원들이 그 조직을 떠나가게 되어 있다.

부하직원의 능력의 합이
관리자의 능력이다

관리자의 능력은 부하직원의 능력을 통해서만 발현될 수 있다. 그렇기 때문에 관리자는 부하직원의 능력을 키워야 한다. 부하직원의 능력을 키우는 것이 바로 관리자의 능력을 키우는 길이기 때문이다.

하지만 일부 관리자는 이렇게 생각하지 않는 것 같다. 그 일부 관리자는 부하직원의 능력이 커지면 자신의 자리가 위험해질 수 있다는 생각을 한다. 그래서 조금이라도 능력이 있어 보이는 부하직원을 어떻게 하든지 싹을 밟으려고 안간힘을 쓴다.

부하직원이 업무에서 탁월한 성과를 보이면 그 성과를 관리자의 몫으로 돌리고, 부하직원이 영어를 탁월하게 하면 영어를 쓰지 않는 업무를 맡기고, 부하직원이 영업을 잘하면 능력보다는 운으로 돌리는 관리자가 이런 유형의 대표적인 예라고 할 수 있다.

그렇지만 조금만 생각을 해 보면, 이러한 판단이 오히려 관리자에게 해가 된다는 것을 알 것이다. 부하직원의 업무 성과를 가로채면서 다른 직원이나 상사가 모를 것이라고 생각하지만, 이것은 공공연한 비밀에 불과하다. 이 공공연한 비밀로 인하여 관리자의 무능력함이 드러나게 되는 것이다.

영어를 탁월하게 하는 부하직원을 활용하지 못하면 관리자가 직접 영어를 해야 하는데, 과연 부하직원만큼 원활하게 영어를 구사할지 의문이다.

영업을 잘하는 직원은 이미 회사에서 그만큼 인정 받는 직원임에도 관리자가 그렇지 않다고 이야기한들 회사에서 관리자를 믿어 주는 사람은 아무도 없다.

관리자의 성과는 능력 있는 직원을 독려하여 일을 더욱 잘하게 만드는 것이다. 그 성과로 관리자는 회사에서 평가를 받는 것이다.

부하직원이 회사 안팎에서 업무를 잘한다고 소문이 나면, 그 부하직원의 관리자가 누구인지를 꼭 확인한다. 바로 관리자가 능력 있는 사람이라고 인정 받게 된다.

게다가 관리자가 부하직원들의 능력을 합의 개념이 아닌 곱의 개념으로 생각을 하고, 부하직원들이 서로 약점을 보완하고, 강점을 더욱 강하게 밀어붙이도록 한다면, 관리자의 능력도 곱의 개념으로 늘어나게 된다.

말을 가려서 해야 한다

말은 잘 쓰면 약이 되지만, 잘못 쓰면 독이 되는 것이다. 회사는 개성이 있는 다양한 사람이 모인 곳인데, 사람과의 관계에서 친한 사람이라고 함부로 말하면 그 친분은 깨지게 되어 있다.

관리자는 나름대로 권한을 가지고 있기 때문에 말을 통해서 부하직원의 마음을 다치게 하는 경우가 종종 있다. 하지만 마음의 상처는 좀처럼 희석되지 않기 때문에 아무 생각 없이 한 말이 비수가 되어 오히려 관리자를 겨냥해 돌아올 수도 있다.

다 같은 성인임을 인정하고, 하나의 인격체임을 인정한다면 말한마디 하기 전에 그 말에 대한 의미를 먼저 생각하게 될 것이다. 회사 생활에서 불문율 중에 하나가 다른 사람을 적으로 만들지 말라고 하는 이야기인데 잘못된 말 한마디로 많은 사람을 적으로 만들게 된다.

관리자가 보고서를 검토하다가 보고서 작성자에게 많은 사람 앞에서 "이따위로 일을 하느냐", "초등학교는 다녔냐", "똑바로 일 해라"라고 호통 치는 것뿐만 아니라, 신입사원이 보는 앞에서 "입사가 언젠데, 신입사원보다 일을 못 하냐"라는 등의 말을 남용하는 사례는 얼마든지 있다.

말의 남용으로 상처 받는 대상자가 부하직원이라고만 생각하겠지만, 관리자도 사람인데 다른 사람에게 상처를 주고 발 뻗고 편하게 잘 것이라고 생각하지 않는다. 결국 관리자도 자신이 한 말에 상처를 받게 되는 것이다.

물론 상처를 받는 일차적인 대상자는 부하직원이다. 그 마음의 상처를 안고 있는 부하직원이 가만히 앉아서 당하기만 할 것이라고 생각해서는 안 된다. 마음의 상처는 미움의 칼날로 변한다. 언제 어디서건 한 번은 꼭 복수를 할 것이라고 다짐을 하기 때문에 언젠가는 관리자도 부하직원의 앙갚음을 받게 된다.

부하직원과의 관계에서 신뢰가 제일 중요하다고 강조해 왔는데 신뢰에 영향을 가장 크게 주는 것이 말이다. 가는 말이 고와야 오는 말이 곱다는 속담이 있듯이 가는 말이 신뢰를 줄 수 있어야 신뢰를 얻게 되는 것이다.

부하직원은 회사의 머슴이 아니다. 부하직원은 관리자를 위한 삶을 사는 사람들이 아니다. 부하직원은 관리자가 우대해야 하는 인격체이다.

소통의 방법을 찾아야 한다

부하직원과 이야기하고 싶어도 어떻게 해야 할지를 모르겠다고 한탄을 하는 관리자가 주변에 있는지 살펴보아야 한다.

관리자는 관리자가 되기까지 많은 시간을 회사에서 치열한 전투를 치르고 그 지위에 오른 사람이다. 앞만 보고 달리고 또 달리다 보니 언제부터인가 사람과의 대화에서 정이 느껴지기보다는 성공을 위한 냄새만이 느껴지는 사람들이다.

그러다 보니 관리자가 되고 나서 직원들과 조금은 인간적인 이야기를 하고 싶은데, 과거에 그런 행동을 하지 않았다 보니 그 습관이 굳어서 어떻게 해야 제대로 된 대화를 하는 것인지를 잊을 수 있다.

회식 자리에 가서 부하직원들과 술 한 잔 마시고 하는 대화가 인간적인 대화의 전부라고 생각을 하는 관리자들이 있는데 술 한 잔 마시고 취해서 하는 이야기는 취해서 한 이야기라고만 받아들여야 한다. 취중진

담이라고 해서 취해서 한 이야기를 가지고 마음에 담아두거나 그 이야기로 부하직원의 속마음을 다 알았다고 판단을 해서는 안 된다.

진실된 이야기는 서로가 마음을 열고 하는 이야기이다. 술에 취해서 하는 이야기가 아니라 취하지 않았더라도 서로 마음을 열고 대화하는 것이 진실된 이야기이다. 그런 진실된 대화를 하기 위해서 관리자는 올바른 조직풍토를 만들어야 한다.

부하직원이 고민이 있는 것처럼 보이면 그 고민을 들어보려고 노력을 해야 한다. 사실, 고민이 있는 부하직원은 그 고민을 대놓고 이야기하는 것을 꺼리기 때문에 같이 이야기하기가 쉽지 않고, 더욱이 관리자가 일에만 몰입하는 유형이라면 관리자와 이야기하는 것이 더욱 쉽지 않다. 그렇지만 사람의 본성은 자신의 고민을 남에게 털어놓고 조언을 구하고 싶고, 그 과정에서 카타르시스를 느끼고 싶어 한다.

관리자가 고민을 안고 있는 부하직원에게 먼저 접근을 해야 한다. 마음을 열 수 있는 환경을 만드는 방법은 여러 가지가 있을 수 있다. 이메일을 통해서 이야기하는 방법도 있을 수 있고, 커피 타임을 통해서 이야기할 수도 있고, 분위기 있는 식당으로 초대해서 이야기할 수도 있다. 어떤 방법을 사용하든지 부하직원들에게 항상 대화를 할 수 있는 관리자의 이미지를 보여 주어야 한다.

방법의 선택의 문제는 관리자의 몫이지만, 부하직원들의 수용성의 문제는 그들의 선택의 문제이다. 부하직원들의 선택의 문제는 관리자의 일관적이고 지속적인 행동 여부에 달려 있다.

내가 싫으면 부하직원도 싫어한다

하찮게 생각이 들고 남이 하기 싫어하는 일이 있다. 예를 들면, 책상 걸레질하는 일은 직급의 고하를 막론하고 하기 싫은 일이다. 커피 심부름도 하기 싫은 일 중에 하나이고, 팩스 보내기나 복사하기도 단순 반복 업무이다 보니 남들이 하기 싫어한다.

관리자의 입장에서 보면, 관리자라는 지위가 있어서 남들 앞에서는 체면이 있기 때문에 남들이 싫어하는 일을 좀처럼 하지 않는다. 하지만 관리자 본인도 하찮은 일이라고 생각하고 하기 싫어하는 일들은 남들도 싫어한다는 점을 인정해야 한다.

솔선수범의 리더십이라는 말이 있다. 무슨 일이든지 관리자가 나서서 먼저 행동으로 보여 주는 리더십이라는 의미인데, 지금의 부하직원들이 관리자에게 바라는 상이라고 할 수 있다.

솔선수범의 리더십에서는 남들이 싫어하는 일도 할 수 있어야 한다고 이야기한다. 관리자의 지위는 남들에게 보여 주기 위해서 만들어진 자리가 아니다. 관리자의 역할을 하라고 만들어진 자리이기 때문에 무슨 일이든지 먼저 할 수 있는 자세가 필요하다.

부하직원의 책상까지 걸레질을 할 수 있어야 하고, 커피는 직접 타는 행동을 보여 주어야 하고, 팩스나 복사도 직접 할 수 있어야 한다. 관리자는 고급 업무만을 해야 하기 때문에 사소한 업무에 시간을 빼앗겨서는 안 된다고 이야기를 하지만, 관리자도 고급 업무를 하면서 여유시간이 생기게 된다. 그 여유시간을 사소한 업무에 투자한다고 해서 부하직원들이 관리자를 이상하게 여기는 않는다.

부하직원과의 관계에서 신뢰관계는 솔선수범의 리더십을 보여 주는 것이 가장 좋은 방법 중에 하나이다. 남들이 싫어하는 일도 먼저 할 수 있는 관리자의 모습을 보여 주자. 그 모습에 관리자의 리더십과 존경을 부하직원들이 되돌려줄 것이다.

솔선수범

감성적 리더십이든 카리스마적 리더십이든 리더십의 형태가 중요한 것은 아니다
지금의 시대에서 중요한 리더십은 실행을 할 수 있는 리더십이 필요하다.
행동 지향적이고 솔선 수범하는 리더십은 기업문화를 성과 지향적인 실행 중심
의 기업문화로 바꾸는데 기반이 된다.

30

팀워크를 강요하지 마라

팀워크를 만드는 방법은 부하직원들이 스스로 협력하게끔 만드는 것이다. 말로만 팀워크가 중요하다고 떠들어 대 봤자 팀워크의 중요성을 부하직원들이 이해하고 수용하지 않는다.

팀워크는 강제로 되는 것이 아니다. 부서의 성과를 올리기 위해서는 관리자와 부하직원들 간의 협력관계가 필요하다. 다시 말을 하지만 강제로 팀워크를 만들 수 있는 것은 아니다. 팀워크의 기초는 관리자가 부하직원을 섬김으로써 생겨난다.

관리자가 부하직원의 위에 있는 상사가 아니라 밑에서 받치고 있는 디딤돌의 역할을 해야 한다. 부하직원을 한 명의 중요한 고객으로 대접을 해야 한다. 실제로도 부하직원은 관리자에게 있어서 고객이다. 자사의 제품이나 서비스를 구매하지는 않아도 회사의 운영에 필요하고 관리자의 역할을 만들어 주는 내부고객인 것이다.

고객이 만족해야 회사의 성과를 만들어 낼 수 있는데, 그 기반에는 섬김의 리더십이 자리 잡고 있고, 섬김의 리더십은 부하직원들의 동기를 자극하여 서로 협력의 관계를 만들도록 만들어 준다.

인위적으로 팀워크를 만들 수도 있다. 곤란한 환경을 만들어서 서로 뭉치게 할 수 있는 방법도 있다. 외부의 공공의 적을 만들게 되면, 내부의 갈등과 반목이 사라지고 외부의 적에게 공동으로 대응하는 것이 사람의 심리이다. 이를 활용해서 부서의 팀워크를 유도할 수도 있다.

관리자가 회의를 할 때마다 팀워크를 강조하는 것도 효과적인 방법이라고 할 수 있다. 팀워크를 강조하는 것과 강제하는 것은 의미가 다르다. 커뮤니케이션 방법론에서 제대로 의사소통을 하기 위해서는 전달하고자 하는 내용을 한 번이 아니라 열 번 이상 반복해야지만 의사가 전달된다고 한다.

팀워크의 강조는 이런 개념에서 이해가 되기 때문에 잘못된 방법은 아니라고 말할 수 있는 것이다.

게다가 관리자가 섬김의 리더십을 가지고 있다면 부하직원들은 관리자가 강조하고 중요하게 생각하는 것을 스스로도 중요하게 생각하게 된다.

31

눈치만 보는 YES맨은 관리자의 태도가 만들어 낸 결과이다

조직문화를 회사 차원에서 이끌어 가는 큰 방향에서 이루어지는 것으로 이해한다면, 조직풍토는 회사 차원보다는 다소 상대적으로 작은 단위의 부서나 팀에서 형성되는 것이라고 할 수 있다. 조직풍토가 부서나 팀 단위에서 형성되는 것이기 때문에 관리자의 가치관이나 철학, 부서나 팀의 운영 방식이 조직풍토의 근간이 된다.

그래서 조직풍토가 중요하고, 관리자의 리더십이나 역할이 중요하다고 이야기하는 것이다. 조직풍토가 열린 마음으로 서로의 성과를 축복하고 공유하는 문화라는 이야기는 관리자가 그만큼 열린 관리자라고 할 수 있고, 조직풍토가 서로 시기하고 질투하고 갈등하고 반목한다면 관리자가 그만큼 닫혀 있는 관리자라는 것을 의미하게 된다.

실제로 부서의 관리자가 어떤 사안이나 사건을 어떻게 해석하는지에 따라 부서의 조직풍토는 달라지게 된다.

한 가지 예로 최근에 가장 흔하게 이야기하는 창의성에 대해서 생각을 해 보자. 창의성 역시 관리자가 창의성을 어떻게 해석하고 느끼는지에 따라 부서마다 다른 해석을 하게 된다.

창의성을 아무것도 없는 무에서 유를 창조하는 것으로 정의를 한다면, 그 부서의 부하직원들은 창의성의 무게에 눌리게 될 것이고, 서로에게 책임을 전가하는 조직풍토가 만들어지게 될 것이다. 반면에 창의성을 집단 지성의 하나로 해석한다면 항상 토론을 하고 그 토론의 결과를 중요하게 여기는 조직풍토가 만들어지게 된다.

관리자의 시각뿐만 아니라 태도도 토론문화에 영향을 미치게 된다. 활발한 토론은 바로 관리자의 시각과 태도가 만들어 내는 결과라고 할 수 있는데, 관리자가 회의시간마다 화를 내고 부하직원의 의견을 무시하고 부하직원들을 윽박지르면 모든 부하직원들이 관리자의 눈치만 보게 된다. 관리자의 눈치만 보는 부하직원에게 창의성이 중요하고 회의문화가 중요하다고 이야기하면 직원들은 겉으로는 듣는 척하지만 속으로는 회사와 관리자에 대해서 냉소만 가득 차게 된다.

눈치만 보는 부하직원들만 있는 부서에서 활기찬 조직문화를 만드는 것은 불가능하다. 중요한 것은 그 불가능은 관리자가 만들어 낸 조직풍토 때문에 생긴다는 것이다.

32

직원들이 회사의 전략을 모르면, 가고자 하는 선에 도달할 수가 없다

정보의 독점은 권력이 아니다. 관리자들 중에는 정보의 독점이 자신이 가진 권력이라고 생각을 하는 사람이 있다. 회사에 대해서, 그리고 회사가 속한 산업과 업무에 관한 정보를 자신만이 알아야지, 그 정보를 가지고 부하직원을 통제할 수 있다고 생각을 하는 관리자들이다.

하지만 어느 누구도 직원들을 완벽하게 통제하는 것은 실현 불가능하다. 권력이라는 알량한 무기로 사람을 압박하면 사람들은 통제를 받는 것이 아니고 그 압박을 깨려고 하기 때문이다. 더욱이 회사라는 조직에서 관리자가 정보의 통제로 폐쇄적인 조직을 만든다면 부서의 성과는 고사하고 스스로 만든 벽에 갇히게 되어 정보에 접근이 어려워질 수도 있다.

또한 정보의 독점은 부하직원들에게 관리자가 독재자처럼 보이게 한다. 자신만을 아는 사람이라고 느끼기 때문에 부하직원들이 관리자를 신뢰하기 못하게 된다. 조직정보의 독점과 부하직원들의 신뢰의 부족은 결국 부서 성과를 저해하는 결과를 가져온다.

정보는 공유할수록 가치가 높아진다고 한다. 정보의 공유는 그 정보가 죽어 있는 정보가 아니라 끊임없이 살아서 발전할 수 있기 때문에 조금 더 고급정보가 되는 것이다. 처음 시작은 단지 데이터 수준에서 머물러 있던 지식이 시간과 공유를 통해서 지혜의 수준까지 가치가 높아질 수 있는 것이다. 사실 정보라는 시작단계에서의 데이터는 가치가 있다고 말할 수 있는 수준이 아니다. 그 데이터가 발전을 거듭해서 지혜의 수준까지 가치가 높아져야 쓸모 있는 정보가 되는 것인데, 이는 정보를 공유하느냐 공유하지 않느냐가 결정을 하게 된다. 데이터만 가지고 있다고 해서 정보를 가지고 있는 것이 아니고, 지혜를 많이 가지고 있어야 정보를 많이 가지고 있다고 할 수 있는 것이다.

그래서 조직에서는 많은 정보가 원활하게 흐르도록 공유를 해야 하는데 유독 조직에서 관리자들이 가장 공유를 하지 않고, 대외비라고 빨간색으로 굵게 표시한 정보 중에서 가장 대표적인 것이 회사의 전략이다.

마치 외부에 유출이라도 되면 회사가 망하는 것으로 착각을 하는데, 조직의 전략도 모르면서 회사의 성과는 내는 조직원은 존재할 수가 없다는 것을 거듭 강조하고 싶다.

33

인사평가의 본질을 이해해야 한다

부하직원들이 회사 생활을 하면서 가장 크게 스트레스를 받는 영역은 평가와 관련된 분야이다. 부하직원들이 평가와 관련해서 스트레스를 받는 이유는 관리자들이 이 평가 자체를 자신의 권력을 유지하기 위한 수단으로 사용하기 때문이다.

평가영역의 본질은 회사의 성과를 내기 위해서, 부하직원들이 잘한 점을 격려하고 다음 시기에 극복해야 할 점을 관리자와 서로 논의하고 함께 숙제를 풀어가는 과정으로 이해해야 하는데, 관리자 중에서 일부 관리자들이 평가를 그동안 자신에게 잘못 보인 직원들을 통제하고 못살게 굴기 위한 수단으로 사용하기 때문에 평가의 본질에서 벗어나게 되는 것이다.

평가 과정에서 관리자가 부하직원의 잘못된 점과 실수한 점만 이야기하고 강조해서 평가 결과를 낮게 주려고 한다면, 어떤 부하직원이 평가의 본질을 이해하고 관리자를 따르겠는지 생각을 해 보면 답이 뻔해 보인다.

평가 시기가 되면 회사가 관리자들에게 평가 관련 교육을 한다. 회사가 때마다 평가 관련 교육을 시행하는 이유는 관리자의 잘못된 관행이 매우 빈번하게 일어나기 때문이다.

그러나 회사에서 관리자 교육을 한다고 해서 관리자의 평가에 대한 태도가 바뀌지는 않는다. 아무리 이야기를 해도 경청하지 않거나 수용하지 않는 귀머거리 소가 회사에는 얼마든지 있다. 그래서 관리자를 선발할 때 관리자의 자질을 보고 선발해야 한다고 많은 사람들이 주장을 하는 것이다. 물론 이 말을 무시하고 관리자를 선발하는 회사도 많다면 많다고 할 수 있다.

상황이 이렇기 때문에 관리자의 평가 독재는 없어지지 않는 것이다. 관리자가 독재를 펴는데 부하직원이 이를 좋게 받아들이지 않는 것은 당연한 결과이다. 관리자를 좋게 생각하지 않는데 리더십이니, 팀워크이니 하는 말도 의미가 없는 것은 당연하다.

관리자는 평가의 본질을 제대로 이해해야 한다. 평가는 부하직원을 통제하기 위한 수단이 아니다. 평가는 회사의 성과를 내는 데 있어 관리자와 부하직원이 어떻게 할 것인지를 논의하고, 부하직원의 강점을 더욱 살려주고 약점은 함께 헤쳐나가는 과정의 일부로 생각을 해야 한다.

34

형님이라는 호칭을 받아들이지 마라

당신이 관리자인데, 사석에서 부하직원이 형님이라는 호칭을 쓰면 어떻게 행동할 것인가? '그냥 웃고 넘어갈 것인가, 아니면 정색을 하고 혼을 낼 것인가'라는 선택에서 어떤 선택을 하는 것이 올바른지 생각해 보자.

물론 사석에서 형님이라고 부르는 것에 대해 그냥 웃고 넘어갈수도 있다. 같이 고생하고 매일 얼굴 보는 부하직원이 형님이라고 하는데, 좋은 게 좋은 것이라고 그냥 편하게 받아들이고 웃으면서 넘어갈 수도 있다. 하지만 관리자는 인사권을 가진 위치에 있기 때문에 이런 상황에서도 어떤 판단이 옳은 행동인지를 생각할 수 있어야 한다.

형님이라고 부르는 부하직원들과 같이 잘 지내고 서로 농담도 하고 가족같이 지내면 좋은 일이겠지만, 혹시나 나중에 인사권을 행사할 시기가 도래했을 때, 과연 이런 친분관계를 타파하고 냉정하게 판단할 자신이 있는지 생각해 보아야 한다.

　인사평가가 시작되면 부하직원 중에서 누군가에게는 좋은 점수를 줄 것이고, 누군가에게는 좋지 않은 점수를 줄 것이다. 물론 모든 부하직원들의 성과가 좋다면 모든 직원들에게 좋은 점수를 줄 것이고, 모든 부하직원들의 성과가 좋지 않다면 모든 직원들에게 좋지 않은 점수를 주는 것이 당연하다.

　그런데 직원별로 성과의 차이가 분명하기 때문에, 또는 상대 평가를 통하여 점수를 할당해야 하는 상황이 발생한다면 문제가 달라진다.

　이런 상황이 되었을 때, 객관적인 평가가 가능하기 위해서는 사적인 친분관계가 객관적 판단을 어렵게 만들 수 있다. 평상시 형, 동생이라고 부르는 사이에서 인사평가 시기에만 안면을 몰수하고 냉정하게 평가를 할 수 있는 관리자가 얼마나 될지 의문이다.

　관리자는 뜨거운 가슴과 냉철한 머리를 가져야 한다고 한다. 평상시 부하직원들과의 관계에서는 뜨거운 가슴과 열정으로 같이 생활을 하더라도, 공과 사는 구분해야 한다. 특히 인사 평가 시기에는 냉철한 머리로 판단할 수 있어야 한다.

인사평가의 원칙

인사평가에 있어서 중요한 오류는 평가자의 관대함이다.

피 평가자는 평가자가 정확하게 본인의 강점과 약점을 이야기 해 주지 않으면 ,

멀지 않은 시간에 도태되고 만다.

이러한 결과는 평가자의 책임이 가장 크다. 정확한 평가만이 개인의 역량을 키

울 수 있는 시작점이다.

35

성과목표 합의 과정을 공개하라

부하직원들이 관리자의 리더십을 볼 수 있는 장이 바로 평가와 관련된 행위가 이루어지는 상황이다. 하지만 관리자들이 가지고 있는 오해 중의 하나는 평가 과정에서 평가 결과를 가지고 이야기하는 것만을 평가의 핵심으로 이해하고 평가 결과로만 부하직원을 평가한다는 것이다.

사실은 평가 과정에서 관리자의 리더십은 평가목표를 수립하는 단계에서 출발한다. 그런데 일반적으로 회사에서 벌어지는 행태는 올바른 리더십에 따른 행동이라고 말할 수 없는 상황들이 벌어진다.

성과목표를 수립하는 과정에서 관리자는 부하직원과 평가목표에 대해서 이야기하고 서로 협의하고 합의해서 결정하는 것이 아니라, 관리자가 일방적으로 목표를 제시하고 이를 부하직원이 수용하게끔 만드는 과정을 거치거나, 아니면 부하직원이 본인의 성과목표를 작성하여 제출하면 관리자가 결재만 하는 경우가 대부분이다. 일방적 지시를 해서 만들어진 내용에 대해서 피드백 없이 결재만 하는 관리자의 모습을 보고 부하직원들은 회사의 관행적인 프로세스라고 생각한다. 또한 관리자도 대부분 관행적으로 평가목표를 수립한다고 생각하기 때문에, 부하직원은 관리자와 그 이상의 발전적인 관계를 가지려고 하지 않는다. 이런 상황에서는 관리자의 리더십이 발현될 수 없다.

관리자의 리더십 발현의 시작은 평가목표 수립 단계에서 시작이 되어야 하고 진실된 평가목표 수립은 관리자와 부하직원의 협의와 투명성이 보장되는 프로세스로 이루어져야 한다.

관리자는 부하직원의 능력을 평가하고 작년도 업무성과를 고려해서 현 상황보다는 조금 높은 목표를 제시하고, 부하직원의 능력을 개발할 수 있는 여건을 만들어 주어야 한다. 부하직원도 평가목표에 대해서 안일한 태도를 버리고 관리자와 함께 성장할 수 있는 목표를 수용하고 협의해야 한다. 관리자는 그 목표제시와 협의 과정에서 부하직원의 능력을 개발할 수 있는 방법에 대해서 고민해야 한다.

협의과정에서 간과해서는 안 되는 원칙은 과정의 투명성을 확보하는 것이다. 관리자와 부하직원이 일대일로 만나서 협의한다면, 부서 단위에서의 성과에 대한 책임이 모호해지는 경우가 발생한다. 그 모호함은 단위업무에서 누가 그 책임을 질 것인가가 불명확해지고 부하직원들은 서로 책임에 대해서 회피하는 경우가 발생할 수 있다. 그 회피하는 업무가 부하직원들이 업무성과에 기초가 되는 업무임에도 아무도 그 일을 맡으려고 하지 않기 때문에 부서성과에 문제가 생기게 되는 것이고, 팀워크는 실종하게 된다.

관리자의 리더십은 바로 이런 상황에서 발현되는 것이다. 업무목표 수립 시에 모든 부하직원을 모아놓고 함께 목표수립과정을 갖도록 유도해야 한다. 서로의 업무과정에서 어떤 업무가 선행업무이고, 그 선행업무로 인하여 결과업무가 이루어지는지 프로세스를 이해하도록 만들어서 업무목표 수립의 과정에 대한 중요성과 업무의 과정에서 공유되는 목표가 무엇인지를 명확히 해야 한다. 또한 부하직원들이 이를 이해하도록 만들면, 업무의 공백은 생기지 않게 되고 다른 부하직원들의 업무목표 수준을 수용하고 이해하게 됨으로써 평가결과에 대해서도 수용할 수 있는 조직풍토를 만들 수 있게 된다.

부하직원들도 이런 과정을 유도하고 균형을 잡아주는 관리자의 리더십에 대해서 좋은 평가를 내리게 된다.

관리자는 업무의 과정마다 균형과 협의, 그리고 투명한 업무 처리가 부하직원과의 관계에서 그 영향이 어떻게 미칠지를 항상 고민하고 행동에 옮기도록 노력해야 한다.

목표관리

비전을 달성하기 위해서는 그 비전을 달성하기 위한 목표가 있어야 한다.

눈에 보이는 목표가 있어야만 그 목표를 달성하게 된다. 장기적인 목표도 중요

하지만. 그 장기적 목표를 달성하기 위해서는 중간중간에 제대로 가고 있는지

를 알 수 있는 단기적인 목표도 중요하다.

사람은 목표가 있어야만 그 목표를 달성하기 위해 최선을 다한다.

36

작은 성과라도 즉시 보상해야 한다

성과에 대한 보상을 거창하게 생각할 필요는 없지만, 그 보상의 결과가 부하직원들에게 미치는 영향에 대해서는 거창하게 생각을 할 줄 알아야 한다.

성과에 대한 보상하면 금전적 보상인 인센티브를 떠올린다. 회사의 성과와 부서의 성과, 그리고 개인의 성과에 따라서 지급 시기는 회사마다 다르겠지만 그 성과에 대한 금전적 보상이 인센티브이다. 금전적 보상은 직원들에게 직접적으로 피부에 와 닿는 보상이다. 직원들이 인센티브를 기대하면서 회사 생활을 한다고 해도 과언은 아닐 것이다.

하지만 여기서 말하는 성과에 대한 보상은 그렇게 거창한 금전적 보상을 말하는 것은 아니다. 작지만 부하직원들이 뭔가 성과에 대한 보상이 있었다는 느낌을 갖도록 만드는 여러 즉각적인 행동을 말한다.

간단한 예를 들어보면 칭찬이 있다. 업무과정에서 어떤 일이 마무리되면 그 부하직원에게 '잘했다. 수고했다'라고 말하는 것도 보상이 되는 것이고, 모 회사의 사례이지만 주간 우수사원을 뽑아서 문화상품권을 지급하는 것도 보상이 되는 것이다.

부하직원들 입장에서 보면 많은 돈을 받아서가 아니라 내가 회사에서, 그리고 관리자에게 능력을 인정받는다는 느낌이 들기 때문에 작지만 즉시 보상하는 행위가 일을 잘할 수 있도록 만드는 동기부여가 되는 것이다.

즉시 보상이라는 말을 오해해서는 안 된다. 즉시 보상은 관리자가 생각나면 하는 행동이 아니다. 아무런 행위나 결과도 일어나지 않았는데 갑자기 칭찬을 하게 되면 부하직원들은 그 칭찬을 관리자의 이상한 행동이라고 생각을 할 뿐이다. 부하직원들의 행위에 대해서, 그 행동 결과에 따라서 시의 적절하게 하는 보상이 즉시 보상이다. 어떤 관리자는 즉시 보상한다는 미명 아래 불현듯 생각난 듯이 보상을 하는 경우가 있는데, 부하직원들은 이런 보상행동을 관리자의 올바른 리더십이라고 생각하지 않는다.

그리고 관리자 역시 사람이라서 부하직원의 칭찬받을 만한 행동을 보고 나서도 일이 바쁘다는 핑계로 나중에 칭찬을 해야겠다고 생각을 하게 되면서 깜빡 잊어버릴 수도 있다. 그렇기 때문에 보상은 바로 그 자리에서 하는 것이 옳은 방법이다.

부하직원이 관리자의 성격 자체가 바로 보상을 하지 않는 성격으로 이해하고 있다고 해도 즉시 보상을 받지 못하면 가슴 속으로는 섭섭한 마음을 가지게 마련이다. 회사에서 관리자에게 인정받는 것만큼 기분 좋은 일도 없는데, 아무런 표현도 하지 않는 관리자가 원래 무뚝뚝해서 그런다고 이해를 해도 회사 생활이 마냥 즐겁지는 않게 된다.

동기부여를 원하는 관리자라면 작건 크건 간에 부하직원이 업무를 잘했다고 생각이 들면 바로 보상해야 한다. 관리자 입장에서는 작은 행동이지만 부하직원 입장에서 커다란 동기부여가 된다.

37

가능성을 믿어야 한다

사람을 어떤 시각으로 볼 것인가가 중요하다. 하나의 인격체로서 사람 관점에서 볼 것인지 아니면 회사의 소모품으로 비용으로 볼 것인지에 따라 부하직원에게 기대하는 정도가 달라진다.

부하직원을 비용의 원천으로 보게 되면, 성과를 내지 못하는 부하직원에 대해서 관대할 수가 없다. 성과를 내지 못하는 이유도 여러 가지임에도 그 결과만을 가지고 그 부하직원을 평가하게 된다.

성과를 내지 못하는 이유가 회사의 지원이 부족해서라든가, 경기 상황에 따른 일시적인 현상이라든가, 아니면 맡고 있는 제품이나 판매지역이 상대적으로 어려워서일 수도 있는데, 이런 원인을 생각하지 않고 부하직원에게 능력이 없다고 몰아세운다. 소모품으로 전락한 부하직원 역시 관리자를 통제의 수단으로 생각하게 되는데, 통제의 수단과 소모품과의 관계에서 제대로 된 팀워크나 협동은 저 멀리 날

아가게 되는 것이다.

부하직원을 인격체의 하나로 사람의 관점에서 보게 되면, 성과의 결과보다는 과정을 더욱 중요하게 여기게 된다. 물론 조직이 결과지향적 성향이 있지만, 관리자가 꼭 결과지향적으로 움직일 필요는 없다. 그 결과를 만들어 내는 것은 과정이기 때문에 과정에서 부하직원을 제대로 움직이기만 하면 좋은 결과를 만들어 낼 수 있기 때문이다.

이 유형의 관리자는 부하직원이 가지고 있는 성과 향상의 걸림돌을 치우려고 노력을 한다. 회사의 지원이 부족하면 회사의 지원을 더욱 확대하고, 경기에 따른 문제라고 판단이 되면 현재의 경기상황에서의 문제해결점을 같이 찾고, 경기상황이 호전될 경우를 대비한 문제해결도 모색을 하게 된다. 제품이나 지역이 상대적으로 힘든 문제인 경우에는 그만큼의 독려와 충고를 통해서 목표 달성에 매진하도록 옆에서 도와준다.

부하직원과 많은 대화 속에서 같이 문제를 해결하기 때문에 혹시나 부하직원이 현재 업무에 적응을 하지 못하면 대안도 같이 찾지만, 대화를 통해서 보다 성과를 낼 수 있는 다른 영역으로 이동시키기도 한다.

관리자는 항상 직원을 사람의 관점에서 볼 수 있어야 한다. 그 방법이 직원을 보다 성장시키는 방법이기도 하지만, 결국 본인의 성장을 돕는 길이기도 하다. 그렇게 하기 위해서는 부하직원의 가능성을 믿어야 한다. 부하직원의 가능성을 믿고 기다리는 관리자만이 성공에 대한 좋은 결실을 부하직원과 함께 영위할 수 있다.

38

피드백은 일상적인 활동이다

관리자의 피드백이 중요한 것은 피드백을 받은 부하직원들이 돌려주는 것이 리더십이기 때문이다. 리더십은 책을 통해서만 배울 수 있는 것이 아니다. 본인의 행동과 부하직원의 되돌림으로 얻어지는 것이 리더십이다.

성과에 대한 피드백은 평가 시점에서만 이루어지는 것이 아니다. 성과 피드백은 업무과정에서 항상 이루어지는 행위이고, 이 행위가 결과적으로 조직 성과도 높이지만 부하직원들의 사기도 높이는 것이다.

부하직원들의 행동 결과에 대해서 피드백을 해 주는 것은 부하직원의 육성에 있어서 매우 유용한 방법이다. 부하직원의 업무과정과 행동에 대해서 분석해 주고 어떤 점이 잘 되었고 어떤 점은 개선할 여지가 있고 어떤 점은 아예 하지 않는 것이 좋다고 이야기해 주면, 받아들이는 입장에서도 짧은 시간에 관리자의 경험을 습득할 수 있게 된다. 어찌 보면 부하직원이 회사에서 열정을 가지고 오랫동안 몰입할 수 있도록 만들어 주는 계기가 될 수도 있다.

피드백에는 두 가지 유형의 피드백이 있다. 지지적 피드백과 교정적 피드백이 있는데, 지지적 피드백은 피드백을 통해서 잘한 점을 칭찬하고 더욱 잘하도록 만드는 역할을 하는 반면에, 교정적 피드백은 잘못된 점만 지적을 함으로써 부하직원의 심리를 상대적으로 위축시키는 과정이다.

업무 과정을 한 번 살펴보자. 보고서 작성을 지시하고 보고서를 부하직원으로부터 받았을 때, 빨간 펜을 가지고 쫙쫙 줄 쳐 가면서 오타를 찾아내고 내용을 수정하는 행위, 그리고 이메일 보고서를 받았을 경우에 아무런 이유도 없이 다시 하라고 지시하는 행위 등이 교정적 피드백의 대표적인 사례라고 할 수 있다. 이런 피드백을 받게 되면 일할 맛이 떨어지게 된다.

반면에 보고서 내용의 보완점과 방향성을 제대로 잡아주기 위해서 부하직원과 토론을 하고, 이메일 보고서 내용의 틀린 점을 지적해주고 대안을 제시하는 행동, 그리고 보고서의 잘된 점을 필히 칭찬해주는 행위 등이 바로 지지적 피드백이다.

관리자의 올바른 피드백 방식은 지지적 피드백을 하는 것이다. 부하직원이 피드백을 받고 나서 기분이 업되어 일할 맛이 나도록 만드는 피드백을 해야 한다.

39

유연성 있게 업무분장을 해야 한다

업무분장은 관리자의 고유 권한이지만, 너무 엄격한 업무분장은 부하직원에게도, 관리자에게도 해가 될 수 있다.

업무분장을 과업 중심의 매뉴얼처럼 만들어 놓으면 부하직원을 통제하는 데 아주 유용한 수단같이 느껴지지만, 그 과업 중심의 매뉴얼이 관리자의 발목을 잡을 수도 있다. 매뉴얼처럼 철저한 업무분장은 수명업무(업무분장에는 명시가 되어 있지 않지만 경영진이나 상사가 갑자기 지시하는 업무)의 책임성을 모호하게 한다. 수명업무는 업무분장으로 나타나지 않기 때문에 어느 누구도 책임지려 하지 않고, 부하직원에게 업무를 지시하게 되면 그 부하직원은 일에 대한 과중이라고 불만을 표시하게 된다.

업무분장을 유연하게 만들라는 의미는 수명업무에 대한 책임성 부여의 의미도 있지만, 업무분장이 해당 업무를 모두 표현할 수 없기 때문이다. 더욱이 지식관리자들의 업무는 보이는 업무보다는 보이지 않는 업무가 많기 때문에 업무분장이 유명무실한 경우도 있다. 그렇다고 업무분장을 하지 말라고 이야기하는 것은 아니다. 다만, 업무분장을 과업 중심의 통제형으로 만들지 말고, 성과책임 위주의 방임형으로 만들라고 이야기하는 것이다.

성과책임은 한 업무에서 개인별 직원들에게 기대하는 조직 성과의 크기이다. 성과책임만 명확하다면, 그 성과책임을 달성하는 데 필요한 방법론은 부하직원의 몫이라고 할 수 있다.

부하직원의 동기부여는 자신이 스스로 책임질 수 있는 업무를 맡고 있느냐 아니냐가 크게 좌우한다고 한다. 성과책임의 크기에 대해서만 관리자와 협의가 된다면 '어떻게'라는 부분은 순전히 부하직원의 몫이 되기 때문에 부하직원도 동기 부여될 수 있고, 관리자도 통제형의 부하직원 관리보다는 서로 협의를 통한 방임형의 관리가 가능해지기 때문에 필요한 개념이다.

성과책임의 범위는 폭이 크기 때문에 수명업무를 충분히 그 안에 포함시킬 수 있고, 부하직원에게 권한과 책임의 이양이 가능하기 때문에 업무분장의 유연성 확보는 관리자와 부하직원 모두에게 유리하다고 할 수 있다.

지각하는 부하직원에게는
엄격해야 한다

좋은 관리자가 되어야 한다고 강조하지만, 좋은 관리자는 좋은 게 좋은 것이라고 모든 것을 분별없이 행동해야 한다고 이야기하는 것은 아니다. 때로는 부하직원을 혹독하게 대우함으로써 잃는 것보다 얻는 것이 더 많을 수도 있다.

지각하는 부하직원에게 관대하게 대하는 것은 당장은 좋아 보이지만 결국은 부하직원을 망치는 지름길이 된다. 물론 지각할 수도 있다. 어제 저녁에 업무상 접대를 하거나, 새벽까지 일하다 보면 피로감이 누적되어 지각할 수도 있지만, 그래도 관리자는 지각에 대한 용인을 쉽게 해서는 안 된다. 지각이라는 것이 습관이 될 수도 있고, 습관이 되면 작은 일이 큰 일이 되는 것처럼 부하직원이 업무도 지각이라는 관점에서 처리할 수가 있기 때문이다.

회사가 지각을 용인하는 조직문화라고 하더라도, 그리고 사람이기 때문에 실수를 할 수 있다고 생각을 해서 계속 용인하고 눈감아주면 매사에 지각하는 사람이 될 수 있다. 매사에 지각하는 사람은 다른 일에도 지각할 확률이 있다. 지각이 습관이 되면 스스로 지각을 용인하는 사람이 되어 모든 일을 소홀하게 처리할 수 있고 자기 계발이나 자기 발전이 없는 직원이 된다.

관리자가 지각하는 것을 계속 용인해 주면 부하직원이 반성하고 뉘우치기 보다 스스로를 망치는 것을 알면서도 습관화가 되어 계속 지각하게 된다.

관리자의 온정주의가 불러온 최악의 시나리오는 게으른 부하직원을 만들어 놓고 왜 게으르냐고 혼내는 것이다. 이때에도 부하직원은 깨달음보다는 관리자를 어떤 때는 용인하고 어떤 때는 혼내는 이중적인 사람으로 인식하게 된다.

회사에서 지각하는 사람은 인생에서도 지각하게 될 확률이 높다. 그래서 처음부터 관리자들은 지각하는 사람을 온정주의로 대할 것이 아니라 그 사람을 위해서라도 엄격한 잣대를 들이대고 엄격하게 지적해야 한다. 관리자가 부하직원들이 마음 아파할까 봐 아무 말도 하지 않으면, 부하직원이 나이를 먹은 뒤에는 그 관리자를 원망하게 될 것이다. 그것도 같은 회사에 있는 것이 아니라 회사 밖에서 관리자를 원망하게 된다.

좋은 말만 하고 싶은 것이 사람의 본성이지만, 관리자는 때로는 부모님처럼, 때로는 형이나 누나처럼 부하직원을 분명한 기준으로 원칙에 의해서 대할 필요가 있다.

가장 치명적인 깨진 유리창은 사람이다

인력 운영에 있어서 관대함만큼 위험 요소가 큰 것이 없다. 기업의 존재는 우수한 인재에 의해서 좌우되기 때문에 조직의 성과에 해가 되는 인력에 대해서는 조직에서는 단호한 조치가 필요하다.

조직이라는 배에 태우기 위해서는 채용 때부터 조직과 직무에 맞는 사람을 채용해야 하며, 조직에 맞지 않는 사람을 채용했다면, 바로 해고를 해야 조직의 건전성을 유지할 수 있다.

41

꼴등 사원이라도 다 같은
꼴등 사원이 아니다

조직성과든 아니면 부서성과든 성과가 나쁜 직원은 있게 마련이다. 모든 부하직원이 훌륭한 성과를 내면 좋겠지만 일등이 있으면 꼴등 있는 것이 사회 법칙이기 때문에 모두가 잘할 수는 없다.

관리자는 일등에서부터 꼴등까지 전부를 안고 가야 하는 역할을 하는 사람이다. 일등은 더욱 잘할 수 있도록 독려하고, 꼴등은 어떻게든 꼴등에서 벗어나도록 도와주어야 하는데, 문제는 부하직원 자신이 꼴등이면서도 꼴등이라고 느끼지 못하는 직원들이 있다는 것이다. 이런 직원들의 특징은 무조건 변명으로 일관한다는 것이다. 경기가 좋지 않아서, 경쟁업체가 워낙 뛰어나게 영업을 해서, 내가 맡은 지역은 경쟁이 치열해서, 마감시간이 너무 빠듯해서, 나에게만 워낙 일을 많이 주기 때문에 등등 갖은 핑계를 댄다.

관리자가 안아야 하는 꼴등은 꼴등이 스스로 꼴등임을 인정하고 어떻게든 꼴등에서 벗어나려고 노력하는 자세를 가진 사람에 한해서이다. 그 많은 핑계를 대는 꼴등에게는 그 순위에 맞는 보상해 주는 것이 옳다.

인정하는 꼴등에게는 꼴등이 된 배경과 원인을 분석해서 또 다른 대안을 제시해 주고, 그 과정을 지켜보고 결과를 체크해서 서로 이야기하고, 노력하는 태도가 필요하지만, 인정하지 않고 노력하지 않는 꼴등에게 시간을 투자할 필요가 없다. 그 시간에 노력하는 꼴등에게 투자를 한다면 노력하는 꼴등은 꼴등을 벗어나겠지만, 노력하지 않는 꼴등은 아무리 투자를 해도 꼴등에서 벗어나지 못한다. 노력하지 않는 꼴등은 스스로 꼴등을 부정하는데 어떻게 꼴등에서 벗어날 수가 있겠는가? 전혀 불가능한 이야기이다.

인정하지 않고 노력하지 않는 꼴등은 매섭게 내쳐야 한다. 스스로 인정하지 않는 꼴등의 태도와 습관이 다른 부하직원들에게 전염되기 전에 분명히 단호한 모습을 보여 주어야 한다. 온정주의에 연연하지 말고 냉정하게 생각해야 한다. 그렇지 않으면 부서의 전원이 꼴등이 되고 말 것이다. 회사는 땅 파서 돈 버는 곳이 아니다. 부서의 성과가 좋지 않으면 그 부서 전체가 없어질 수도 있는 곳이다. 평상시와 같이 웃고 울고 하더라도 회사는 그때뿐이다. 회사는 이상적으로 생각할 수도 없고 그 이하로 생각할 수도 없는 곳이다(물론 아닌 회사도 있다는 것은 인정한다).

부서가 있고 관리자가 있어야 부하직원도 있는 것이다. 관리자는 그 부서가 있어야 하는 명분을 만들 책임이 있다. 그 책임을 통감하고 꼴등을 인정하지 않는 부하직원이 스스로 꼴등을 인정해서 노력하게 하지 못한다면 그 부하직원을 다른 곳으로 보내야 한다.

냉정하게 판단해야 한다.

리더의 요건 중의 하나가 냉정한 결단을 내릴 수 있어야 한다는 것이다.
리더의 냉정한 결단은 조직과 조직원에게 성공을 제공하는 기회가 된다.
이러한 기회 제공이라는 의미를 리더들은 명확히 인지하고 사건이나 사물을 냉정하게 보고 냉정하게 판단할 수 있어야 한다

42

매사에 부정적인 직원은
썩은 사과라고 생각해야 한다

사과 한 박스에는 대략 열두 개 정도의 사과가 들어 있다. 그런데 열두 개 중에 한 개가 썩으면 나머지 사과도 모두 썩게 된다고 한다.

인간사도 마찬가지이다. 더욱이 조직은 그 논리가 너무나도 잘 맞아떨어지는 장소이다. 그렇기 때문에 썩은 사과를 발견하게 되면 바로 버려야 하는 것이 원칙이고 회사를 운영하는 방식이다. 썩은 사과를 방치해서 회사의 모든 사과가 썩게 된다면 회사는 더 이상 존재할 수 없게 된다.

썩은 사과는 육안으로 보더라도 판단을 할 수 있다. 색깔이 이상하거나 모양이 이상한 사과는 분명히 썩은 사과일 것이다. 그런데 회사의 썩은 사과는 육안으로 분간할 수가 없다. 겉으로 본다고 해서 색깔이 이상하거나 모양이 이상한 사과는 한 개도 없다.

회사의 썩은 사과는 태도를 보고 판단해야 한다. 안정만을 추구하고 시키는 일만 하는 복지부동형, 회사의 방향성에 대해서 무조건 반대를 하고 불평을 하는 유형들, 본인이 없으면 회사가 돌아가지 않을 것이라고 믿는 사람들, 회사의 직원들과 잘 지내지 못하고 걸핏하면 싸우고, 걸핏하면 다른 사람을 흉보는 사람 등등 이런 유형의 사람이 회사에서는 썩은 사과라고 할 수 있다. 아니, 썩었다기보다는 썩으려는 싹이 보이는 사람이라고 할 수 있다. 그 싹의 색이 완전히 바래지 않았으면 관리자는 썩기 전에 씻어 주고 관리해 주어야 하지만, 색이 바래서 더 이상 방치가 곤란하다고 판단이 되면 버릴 수 있는 용기를 가져야 한다.

썩은 사과 하나로 부서원 전체가 썩고, 심지어는 관리자 역시 썩게 되면 그 책임을 질 수 있는 사람은 없다. 전체가 다 썩었기 때문에 누가 썩었는지 아무도 모른 채 세월은 흐른다.

어느 날 회사의 사장이 썩은 사과 덩어리를 발견하고 썩은 사과 덩어리 전체를 버린다면 썩은 사과들은 눈물을 흘리고 원망하겠지만, 여전히 자신들이 썩은 줄을 모르고 있을 것이다.

다른 사과 박스에 포장할 수도 없기 때문에 더 이상 사과로서 가치는 없다고 보아야 한다. 이처럼 무서운 이야기이기 때문에 관리자는 썩은 사과를 바로 버릴 수 있어야 하는 용기가 필요한 것이다.

썩은 사과

잘못된 인재 한 사람이 조직 전체를 망가뜨릴 수 있다.
조직 문화를 망가뜨리는 것도 한 사람의 부정적 바이러스에서 시작된다.
그래서 올바른 사람을 뽑는 것이 중요한 것이다.

43

안 된다는 생각을 역으로 생각할 수 있어야 한다

모 외국계 기업에서는 업무 시간의 15%에 해당하는 시간을 직원들이 원하는 것을 하도록 자유시간을 준다고 한다. 자신이 하고 싶은 공부를 할 수도 있고, 운동을 할 수도 있고, 산책을 할 수도 있는 시간을 주는 것이다. 그런데 이 기업이 전 세계적으로 유명하고 성과가 훌륭한 기업이다.

당신이 관리자라면 한국 사회에서는 실현 불가능하다고 말할 수 있다. 회사의 운영 시스템에서 업무 시간의 15%를 자유시간으로 준다면 회사의 생산성이 떨어져서 회사가 어려워질 것이라고 말할 수도 있다. 아니면 한국 사회의 국가적 문화를 고려해서 판단해 보면, 그런 자유시간을 주게 되면 직원들이 당연히 누려야 하는 자유시간으로 생각을 하게 되기 때문에 시간에 대한 통제가 필요하다고 말할 수도 있다. 극단적으로는 한국 기업은 외국 기업이 아니기 때문에 통용되지 않는 시스템을 굳이 사용할 필요가 없다고 주장할 수도 있다.

그런데 과연 그런 주장들이 일리가 있는지는 모르겠다. 그렇게 주장하는 큰 기업의 관리자들이 직원들에게 요구하는 역량 중에 하나가 창의력이라는 것은 참 아이러니하다. 창의력이라는 역량에 대해서 회사에서 어떻게 직원을 관리해야 발휘되는 것인지에 대한 고민은 없고 무조건 창의력이 중요하다고 이야기하는 바보스러운 관리자들이 한심스러울 뿐이다. 창의력은 반복 단순 업무에서는 좀처럼 발휘되기가 어렵다. 단순 반복 업무를 개선할 수는 있어도 창의력이라는 대단한 역량을 발휘해서 무언가를 새롭게 만들 수는 없는 것이다. 자율적인 기업문화가 창의력의 근본이 된다. 매뉴얼대로 움직이기를 강조하면서 창의력을 발휘하라고 이야기하는 것은 손발을 묶어 놓고 머리로 종을 치라는 이야기일 뿐이다. 가능하다고 생각하는 멋진 사람도 있겠지만 절대 불가능하다.

한국 기업이기 때문에 안 된다는 생각은 집어치우길 바란다. 왜 외국 기업은 되고 한국 기업은 안 된다고 이야기하는 관리자가 있는지 그 관리자의 자질이 의심스럽다. 관리자는 생각을 바꿔서 사고할 수 있는 능력이 있어야 한다. 우리가 한국 기업이라서 안 된다고 생각하지 말고 그 역발상을 통해서 우리 것으로 만들 필요가 있다.

절대 부하직원들에게 자유시간을 많이 주라고 이야기하는 것이 아니다. 일정 자유시간은 오히려 회사의 성과를 높일 수 있는 기본이 될 수 있다고 이야기하는 것이다.

그래도 회사에서는 쓸 수가 없는 제도라고 판단이 되면, 관리자의 재량으로 부서에서 한 번 사용해 보길 권한다. 아마도 부서의 풍토가 달라지고, 분위기가 달라지고, 성과가 높아지는 것을 보게 될 것이다.

열정을 갖도록 만들어야 한다.

평생 직장이라는 개념이 없어진 현재의 조직에서 가장 중요한 것은 과거의 조직원들에게 요구하는 조직 충성도는 더 이상 의미가 없다.
이제 조직은 조직원들에게 조직에 있는 동안 최대한의 열정을 갖고 직무에 몰입할 수 있는 환경을 만들어 줘야 한다.

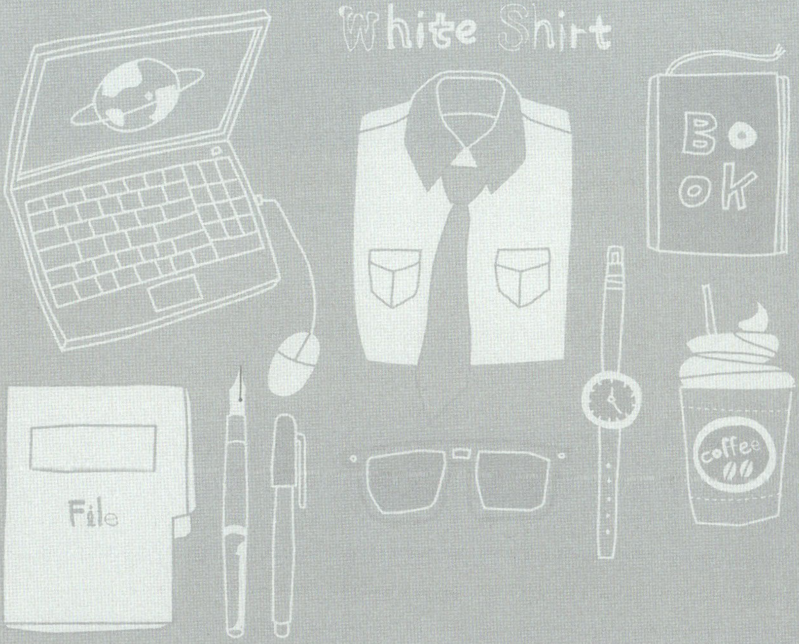
White Shirt
BOOK
File
coffee

제3장 제대로 된 리더십을 발휘하라

E-mail
Result

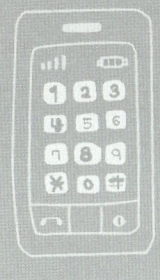

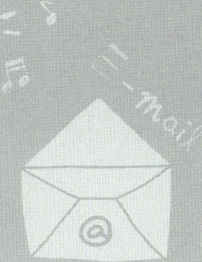

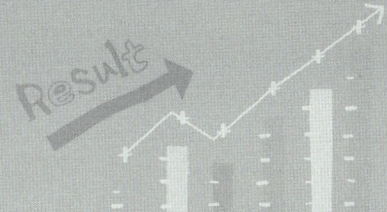

44

고객 맞춤형 리더십을 발휘해야 한다

　리더십이란 무엇이라고 정의하기가 어려운 주제인 것 같다. 부하 직원들을 코칭하고, 동기를 부여하고, 비전을 제시하는 것을 리더십의 일반적인 정의라고 하지만, 리더십의 정의가 워낙 다양해서 어떤 리더십이 제대로 된 리더십인지는 모든 관리자들이 고민을 할 것이다.

　한때는 카리스마적 리더십이 옳은 방향이라고 주장했었고, 또 어떤 때는 부하직원들 떠받치는 서번트 리더십이 대세인 것 같았는데 지금은 셀프 리더십이니, 감성리더십이니, 솔선수범형 리더십이니 하는 말이 넘쳐난다.

　어느 리더십이 옳은 것이라고 단정하기는 어렵지만 리더십의 유형보다는 상황에 따라 발휘되는 리더십이 가장 적정한 리더십이라고 생각한다. 다시 말하면 각각의 리더십 유형은 회사와 관리자가 처한 상황에 따라 발현될 수 있다는 것이다.

상황에 따른 리더십 변화는 그 대상이 부하직원이어야 한다. 많은 경험이 있고 목표만 제시해 주어도 스스로 목표에 도달할 수 있는 직원이라면 강압적인 리더십은 사기를 떨어뜨리게 된다. 이런 유형의 직원에게는 스스로 일을 처리할 수 있도록 권한위임을 하고 옆에서 도와주는 리더십이 더욱 효과적이다. 하지만 부하직원이 신입사원이라면 경험과 지식이 부족하기 때문에 지시형의 리더십을 통하여 직원의 능력과 경험을 계발하게 도와주는 것이 더욱 효과적이다.

맞춤형 리더십은 바로 이런 상황적 리더십을 말하는 것으로 사람관리에 있어서 각 직원의 니즈에 맞게 리더십 유형도 다르게 적용해야 한다.

일반적인 리더십 교육이나 책을 통해서는 획일적인 리더십 유형에 대한 시사점만 얻게 된다. 관리자가 리더십에 관심이 많고 제대로 된 리더십을 펼치기 위해 학습을 하더라도 리더십을 한 관점에서만 바라보면 리더십에 대한 오류가 발생하게 된다. 따라서 여러 관점에서 리더십을 보고 상황적 리더십을 발휘하도록 노력해야 한다.

열정은 전염된다. 특히 관리자의 열정은 조직을 바꿀 수 있다

열정은 전염된다는 말이 있는데, 회사에서는 관리자가 부하직원보다 먼저 열정 있는 모습을 보여 주어야 그 열정이 가장 빠르게 회사내에서 전파될 수 있다.

관리자는 부하직원들이 매일 보고 학습의 대상이 되는 존재이기때문에 관리자가 어떤 생각을 하고 어떤 행동을 하는지가 회사의 조직문화를 바꿀 수 있고, 활기찬 회사를 만들 수 있다. 더불어 직원들에게도 열정을 갖게 만들 수 있다.

열정을 가지라는 말이 성공이나 성과에만 몰입하라는 말은 아니다. 이를 혼동하게 되면 관리자가 개인주의에 빠지거나 올바른 리더십 발현보다는 메마른 성과에만 집중하게 된다.

개인주의에 빠지면 부하직원을 육성하거나 회사가 성공하는 것에 초점을 두기보다 자신의 야망을 위해서 매진하게 된다. 부하직원이 어떻게 되든 상관없다는 태도로 모든 것을 보게 된다. 심지어 부하직원을 희생물로 삼아서 자신의 성공에 있어 기반을 다지게 되는 것을 보게 된다. 부하직원의 공을 관리자의 공으로 돌리고, 성장하는 부하직원을 성장을 하지 못하게 방해를 하기도 한다.

메마른 성과에만 집중하는 관리자는 오직 성과를 내기 위해서는 수단과 방법을 가리지 않는다. 다른 사람이 불편하든 말든 자신의 성과가 최우선이다. 부하직원이 성과를 내지 못하면 심하게 몰아붙이고 회사에서 나가라고 협박을 하기도 한다.

하지만 열정은 개인주의나 성과주의에만 몰입하는 태도를 말하는 것이 아니다. 열정은 어찌 보면 타의 모범이 되는 행동을 해야 한다고 말하는 것과 같다고도 할 수 있다. 부하직원들이 보고 배울 수 있는 행동을 수시로 해야 한다는 것인데, 자신의 지위에 연연해서 하는 행동보다는 지위에 상관없이 궂은 일이라도 먼저 할 수 있는 행동과 일에 대한 몰입도를 보여주는 행동들을 말하는 것이다. 회사 복도에 쓰레기가 떨어져 있으면 먼저 주워서 버릴 수 있는 용기, 일에 대한 접근을 다양한 시각에서 시도하고 최적의 대안을 생각하고 그 대안에 대한 영향을 생각할 줄 아는 태도, 그리고 부하직원을 키우기 위해서 보여주는 여러 행동들의 집합체가 바로 열정이 있는 관리자의 모습이라고 할 수 있을 것이다.

열정은 전염성이 높기 때문에 관리자의 솔선수범이 필요하다. 관리자의 행동이 부하직원들에게 전염되기 때문에 관리자의 태도가 중요하다고 강조하는 것이다.

열정의 중요성

열정을 가진 사람이 조직에 한 사람이라도 있다면, 이는 커다란 행복이다.
열정은 결국 다른 조직원들에게 전염되어 조직 전체가 열정을 가진 조직이 될
것이다.
만약 열정을 가진 사람이 관리자라면 이는 더욱 커다란 결과를 가져올 것이다.

제3장 제대로된 리더십을 발휘하라

46

정확하게 지시해야 한다

　관리자에게 필요한 역량 중에 하나가 왜 '지시력'인지 생각해 보았는가? 지시력이라는 단어는 통제 위주의 권위적인 냄새가 난다. 하지만 관리자가 정확하게 지시를 하지 않음으로 발생하는 조직의 비용을 생각해 보면, 정확하고 명확한 지시력은 관리자가 가져야 할 중요한 역량이다.

　지시력이 관리자에게 필요한 역량이라고 말하는 것은 그만큼 관리자와 부하직원 간의 의사소통이 제대로 되지 않기 때문에 필요하다는 이야기일 수도 있다.

　한 가지 사건이나 사물을 보고도 사람들의 판단은 제각각이다. 제 눈에 안경이라는 말이 있듯 자기가 쓰고 있는 안경으로 세상을 바라보고 해석하기 때문이다. 그래서 사람들이 의사소통을 더욱 어렵게 느끼는 것이다.

관리자의 지시도 부하직원의 입장에서는 마찬가지 논리가 적용된다. 같은 지시를 내려도 부하직원들마다 다르게 해석을 하고 다른 결과를 생성하게 된다. 조직 입장에서는 쓸데없는 비용이 추가로 발생하는 현상이 되는 것이다.

설마라는 생각이 들 수도 있을 것이다. 하지만 아무리 같이 오래 일을 한 부하직원이라도 각자 사고의 틀이 있기 때문에 일차적인 의사소통에서는 상대방의 말이나 설명보다도 자신의 사고의 틀을 가지고 해석한다. 물을 가져오라고 지시했는데 어떤 사람은 얼음을 가져오고, 어떤 사람은 주스를 가져오고, 어떤 사람은 커피를 가져오고, 심지어는 불을 가지고 오는 사람도 있게 마련이다.

관리자는 말귀를 못 알아듣는다고 화낼 필요가 없다. 사람의 기본적인 행동은 자기중심적으로 돌아가기 때문이다.

그래서 관리자는 지시할 때 명확하게 상대방이 충분히 알아듣도록 해야 한다. 필요하다면 몇 번이고 요청을 반복해야 한다. 지시하는 것 못지않게 중요한 것은 제대로 지시를 들었는지 확인을 하는 것이다. 지시하고 나서 부하직원에게 어떻게 이해했는지 확인하고, 제대로 이해하지 않았다면 다시 지시하고, 제대로 이해할 수 있도록 해 주어야 한다.

말을 했으면 책임져야 한다

말과 행동이 다르면 누가 그 관리자를 믿고 따를 것인가? 관리자들 중에는 상사와 부하직원에게 하는 말과 행동이 다른 사람들이 있다. 이런 관리자가 간과하는 것은 부하직원들이 이러한 사실을 모른다고 생각하는 것인데, 부하직원들도 나름대로의 정보 파이프 라인을 가지고 있기 때문에 그 사실을 알고도 모른 척하는 것이다.

알고도 모른 척하는 부하직원들의 가슴은 관리자에 대한 냉소로 가득 차 있다. 관리자가 옳은 소리를 해도 가만히 듣고 있는 것 같지만 가슴에는 경멸로 가득 차 있을 뿐이다.

또 다른 유형의 관리자들의 행동을 살펴보면, 말해 놓고 행동으로 옮기지 않는 유형이 있다. 무언가 목표를 제시해서 같이 하자고 해놓고 정작 자신은 그 행동에서 빠지는 경우인데, 이 경우에도 부하직원들은 관리자를 냉소의 시각으로 쳐다볼 뿐이다.

그러면 왜 이렇게 관리자가 다른 상황에서는 다른 말을 하고, 말을 하고도 행동으로 옮기지 않은 것인지 궁금할 것인데, 이는 자신의 욕망이 크기 때문이고 자신이 게으르기 때문이다. 자신의 욕망이 크기 때문에 상사에게 아부를 하기 위해서 상사가 듣기 좋은 말만 골라서 하고 부하직원들에게는 쓴소리를 하게 되는 것이고, 부하직원들과 약속을 해 놓고 지키지 못하는 것은 정작 그 약속을 이행하자니 관리자의 체면이 손상되는 것 같고 귀찮게만 느껴지는 태도에서 기인한다고 할 수 있다.

여하튼 관리자의 이런 행동은 조직원의 냉소를 만들어 낸다. 이 냉소가 커지면 무관심으로 변질이 되고 조직원들의 무관심은 조직과 관리자를 어려운 상황으로 몰아가게 된다.

활기찬 조직문화를 만들자면서 관리자가 이런 행동을 보이면 활기찬 조직문화보다는 눈치를 보는 죽은 조직문화를 양성하게 되는데, 아무도 그 죽은 조직문화에 대해서는 책임을 지려고 하지 않는다.

그렇지만 회사는 바보가 아니다.

회사는 나름대로 조직 활성화를 위해서 직원들에게 설문도 하고 다른 방법으로도 측정을 한다. 측정 결과만 보고 '우리 회사의 현실이 이렇구나'라고 손 놓는 경영자는 아무도 없다. 조직문화가 죽어 있으면 그 원인이 무엇인지 찾으려고 노력한다. 그래서 직원들과 면담도 하고 공청회도 하는 행동을 시작하게 된다.

그 원인이 관리자의 행동에서 유발되었다는 결과가 나올 수도 있다. 그런 경우에 경영자가 취할 행동은 그 행동을 바로잡는 것인데, 과연 어떤 방법을 사용할지는 관리자들의 판단에 맡기는 것이 좋을 듯하다.

팀 성과에 대해서는 전적으로
책임을 져야 한다

한 사람의 신입사원을 받아들일 때에도 관리자는 팀 성과를 먼저 생각할 줄 알아야 한다. 부서 내에서 일어나는 모든 행위가 비용이 발생됨을 알아야 하고, 그 행위가 부서의 성과에 얼마나 기여할 수 있는지 고민해야 한다.

무조건 부서의 인원수가 많은 것이 권력의 증강이 아니다. 관리자는 부서의 성과 측면에서 부서의 인원수의 증감을 고려해야 한다. 부서의 성과도 단기적인 시각에서 접근하면 나중에 인원을 정리해야 하는 최악의 상태가 발생할 수도 있다. 부서의 인원관리는 장기적인 시각을 가지고 접근해야 한다. 단지, 올해 매출을 높이기 위해서 인원을 추가로 늘리는 것이 아니라 최소한 3년 앞을 내다보고 부서의 장기적인 시각에서 전략과 전략 방향성에 따른 예측 성과를 고려해서 인원을 예측하는 능력이 필요하다.

부서의 직원 1명이 이직하더라도, 무조건 직원이 빠졌으니까 충원을 요청할 것이 아니라 현재의 업무 상황이나 미래 수익 창출의 사고에서 부서의 인원 확보를 고민해야 한다.

경영자들이 전략적 사고를 기반으로 인원을 관리하라고 이야기하는 것은 바로 장기적인 시각에서의 인원관리가 부서의 성과에 직결되기 때문인데, 관리자가 나무만 보고 숲을 보지 못하기 때문에 무조건 부서의 인원을 확보하려고 하는 성향을 보이는 것이다.

부서 회식도 같은 논리로 생각해 볼 수 있다. 부서 회식도 부서의 비용이고, 성과에 영향을 미친다. 부서 회식을 많이 한다고 부서원들이 좋아할 것 같지만 실제로는 그렇지 않다. 최근의 입사한 젊은 친구들은 일과 삶의 균형을 중요하게 생각하기 때문에 부서의 회식보다는 자신만의 시간을 갖는 것을 더 선호한다. 여하튼 부서 회식을 많이 하는 것도 회사의 비용 발생이기 때문에 정말 필요하다고 판단되는 경우에 한해서 부서 회식도 할 필요가 있는 것이다.

관리자는 볼펜 한 자루 더 구매하는 것도 부서의 성과와 연결해서 사고할 수 있어야 한다. 부서의 성과에 대한 책임은 부서의 존재에 대한 근거이기 때문에 부서가 있어야 관리자도 있고 부하직원도 있는 것이다. 관리자는 부하직원의 삶을 책임지고 있는 자리이기 때문에 부서가 존립할 수 있도록 부서의 성과에 책임을 져야 한다.

49

리더십은 부하직원이 만들어주는 것이다

리더십에 대한 오해 중에 하나가 리더십이 관리자의 자기 발현이라고 생각하는 것이다. 관리자가 일방적인 행동을 통해서 올바른 리더십이 생길 것이라고 생각하면 큰 오산이다. 리더십은 부하직원과 더불어 함께 있는 환경에서 생기는 것이고, 특히 부하직원들이 관리자에게 돌려주는 행위의 산물이다.

무슨 말이냐고 묻는다면, 일방적인 리더십은 통하지 않는다는 이야기라고 말하고 싶다. 리더십은 관리자가 부하직원에게 코칭을 통해서 행위를 해야만 부하직원들이 코칭 과정에 배우고 느낀 점을 관리자에게 리더십이라는 이름으로 돌려주는 것이다. 코칭을 통해서 부하직원들의 성과가 높아지고, 부하직원이 육성되어 능력 있는 직원으로 인정을 받을 때, 비로소 관리자가 리더십이 있다는 이야기를 들을 수 있게 되는 것이다.

이런 관점에서 보면, 리더십은 다른 말로 표현하면 존경이 될 수도 있고, 역할 모델이 될 수도 있고, 신뢰가 될 수도 있다. 표현의 다양성은 차치하더라도 결론적으로 보면 부하직원이 닮고 싶어하는 모델이라고 정의할 수 있겠다.

부하직원이 닮고 싶어하는 모델이 되기 위해서는 솔선수범, 감성 접근법, 언행일치의 행동 등이 필요하다. 즉 모든 행위의 통합성이 리더십 모델이 되는 것이다.

여기서 코칭이 중요하다고 이야기했는데, 코칭에 대해서도 잠깐 이야기할 필요가 있다. 코칭은 선배가 후배에게 업무를 알려 주고 이끌어 주는 행위만을 이야기하는 것이 아니다.

코칭은 당연히 업무적 대물림의 과정을 포함하고 있어야 하고, 그 외에도 회사 내에서 인간관계를 어떻게 가져갈 것인지, 수직적 조직 관계에서 상하 간에는 어떤 예절이 있고 그 예절은 어떻게 표현해야 하는지, 고객에게는 어떻게 행동하는 것이 옳은 것인지, 직속 상사와의 관계 구축은 어떻게 해야 하는지 등 조직 전반에 대한 생활과 업무에 대한 전반적인 내용을 포괄하고 있어야 한다.

관리자라면 코칭을 단순히 그 의미론적 해석으로만 받아들이지 말고 폭넓은 관점에서 생각을 하고 행동으로 옮겨야 한다.

50

집단 지성을 활용해야 한다

　토론 문화를 만드는 것은 서로 배울 점이 있다고 인정하는 행동이다. 그렇기 때문에 관리자는 열린 마음으로 토론에 참여해야 한다.

　한 가지 의사결정 주제를 놓고, 한 사람의 의견만 반영되면 그릇된 판단이 될 수 있다. 집단 지성이 중요하다고 이야기하는 것은 많은 사람의 다양한 의견을 수렴해서 의견을 통합하여 결정하는 것이 오류가 적고 올바른 판단을 할 수 있기 때문이다. 집단 지성을 통하여 의사결정을 한다면 관리자가 생각하지 못한 시각으로 접근을 하는 부하직원의 다양한 시각들을 경험할 수 있다.

　모 회사에서는 전략 수립 시 외부고객까지 초청한다고 한다. 그렇게 하는 것은 회사에서 볼 수 없는 시각을 외부고객이 제시해 주기 때문이다. 모 디자인 회사는 전문가 집단을 구성하는 데 있어 디자인 전문가로만 구성을 하지 않는다. 인문학, 공학, 사회학 등 다양한 분야의 전문가 패널로 구성한 전문가 집단을 구성하는데, 이 역시 집단 지성의 장점을 활용하는 것이라 할 수 있다.

토론 문화는 집단 지성의 장점을 활용하기 위한 수단이기 때문에, 토론 문화를 집단 지성으로 활용하기 위해서는 관리자는 촉매자 역할을 해야 한다. 먼저 관리자가 자신의 의견을 제시하거나 주장을 하게 되면, 부하직원들도 말 없이 그 의견이나 주장에 동화가 되기 때문에 중립을 지키는 것이 중요하다. 중립을 지키면서도 균형을 유지해야 한다. 어느 한 의견을 지지하기보다는 다양한 의견이 나오도록 대화와 토론을 활성화시켜야 한다. 그리고 다양한 의견을 모으고 최종적으로 하나의 의사결정으로 통합시키는 것도 중요하다.

토론 문화를 활성화하면 또 다른 이점이 생긴다. 토론 문화를 통해서 부하직원들은 비록 최종결정에 자신의 의견이 반영되지 않았더라도 부서의 의사결정에 참여했다는 자부심만으로도 많은 동기부여가 될 수 있고, 최종적인 의사결정 자리에 본인이 있었기 때문에 나의 의견이 아니더라도 최종결정을 수용하고 따르게 된다. 부하직원에게는 동기부여의 기회가 되는 것이 관리자에게는 자율적인 팀워크를 만드는 기회가 된다.

토론을 이끌면서 관리자가 잊지 말아야 할 원칙은 시간 엄수와 책임 소재 여부이다. 토론을 위한 토론은 의미가 없다. 탁상공론이 무슨 의미가 있겠는가? 더욱이 학교도 아니고 회사에서는 무언가 결정 사항이 있어야 한다.

하지만 하나의 의견으로 통합하기 위해서 마냥 시간을 보낼 수는 없다. 토론을 하더라도 시간을 정하고 그 시간 내에서 모든 의견을 종합하고 통합시켜야 한다. 안 그러면 회의 때문에 일을 못 하겠다는 부하직원들의 불평을 듣게 된다. 처음 토론을 시작할 때 관리자는 토론시간에 대해서 명확하게 줄을 긋고 직원들에게 알려 주어야 한다.

그리고 부서의 최종의견이 통합되고 나면, 누가 실행할 것인지에 대해서 명확하게 책임에 대한 역할 분담을 해 주어야 한다. 결론은 났는데 누가 해야 할지 우왕좌왕한다면 결국은 토론의 의미가 희석된다.

토론의 중요성

조직에서 전략적 이슈에 대한 브레인스토밍은 굉장히 중요한 의사결정의 한 방식이다.
브레인스토밍을 하더라도 일단 방향성이 설정되면 모든 조직원들은 그 방향성에 맞게 행동해야 한다.

51

부하직원한테도 배울 점이 있다

어린 아기한테도 배울 점이 있다고 하는데 하물며 부하직원한테 배울 점이 없다고 누가 이야기할 수 있겠는가? 사람은 누구나 장단점을 가지고 있다. 회사나 다른 조직사회에서, 심지어 고문관이나 돌아이로 불리는 사람들도 장점을 가지고 있고 배울 점이 있다.

부하직원들은 학교를 마치고 높은 경쟁률을 뚫고 회사에 입사한 사람들이다. 지금은 과거보다 취업이 어렵고 경쟁률이 높기 때문에, 이 사람들은 입사를 하기 위해서 많은 준비를 하고 고민을 한 사람들이라고 할 수 있다. 당연히 어떤 점에서는 관리자보다 뛰어난 능력을 보여 주는 사람도 있고, 눈에 띄지는 않지만 잘 알지 못하는 뛰어난 역량을 가지고 있는 친구들이다.

관리자의 지위는 이미 사회적으로 인정해 주는 자리이기 때문에 학습이나 공부가 필요 없는 자리가 아니다. 배움은 끝이 없는 것이도 하지만, 관리자는 관리자로서 계속 그 역할을 제대로 수행하기 위해서는 갖추어야 할 능력들이 너무나도 많다. 하지만 정작 관리자 자신은 업무적인 부담으로 외부에서 따로 교육을 받을 시간이 부하직원들보다는 많지 않다. 그렇다고 따로 시간을 내서 개인적으로 공부를 하기에도 힘이 드는 것은 사실이다. 그래서 회사 생활에서 많은 점을 배우고 익혀야 하는데, 그 스승은 경영자도 될 수 있지만 부하직원도 될 수 있다는 생각으로 회사 생활을 해야 한다.

GE의 전회장인 잭 웰치는 컴퓨터에 관한 지식을 자신보다 어린 비서에게서 배웠다고 한다. 솔직히 관리자들보다 컴퓨터나 최신 기기를 다루는 것은 신입사원들이 훨씬 잘 알 수밖에 없다. 잭 웰치가 배움에 있어 지위에 연연하고 부끄러워했다면 지금의 GE는 존재하지 않았을지도 모른다.

지금의 관리자도 마찬가지다. 배우는 대상이 중요한 것이 아니다. 배움에 대해서 부끄러워하고 용기를 내지 못한다면 지금 자리에서 영원히 정체되고 말 것이다. 지금의 자리는 관리자의 지위만을 말하는 것이 아니다. 배우고 익히지 않으면 관리자의 지위에서도 소외가 될 것이고, 사회적으로도 관리자의 명성을 잃게 될 것이다.

52

부하직원의 이직 원인에 대한 본질을 파악하고 대처해야 한다

부하직원이 이직하겠다고 하면 그 본질이 무엇인지 생각하고 알아봐야 한다. 이직을 하겠다는 직원도 중요하지만 남아 있는 직원이 더욱 중요하기 때문이다.

이직하겠다는 직원을 막으라는 이야기가 결코 아니다. 이미 이직을 결심한 직원의 마음을 돌릴 수 있다고 생각하지 마라. 비록 설득해서 잠시 다시 회사에 다닌다고 해도 그 직원은 이미 우리 회사 사람이 아니다. 언제든지 다른 회사로 이직할 사람이기 때문에 잠시 잡아두는 것보다는 빨리 보내고 조직을 정비하는 편이 훨씬 효과적이다.

관리자는 이직을 결심한 직원과는 꼭 면담을 해야 한다. 면담을 하는 이유는 그 직원이 회사를 떠나려고 결심한 본질적인 원인을 알아야 하기 때문이다. 공식적인 면담 자리에서 이직하고자 하는 직원이 본질적인 이유를 말하지 않을 수도 있기 때문에 관리자는 필요하면 비공식적인 자리를 마련해서라도 꼭 그 이유를 파악해야 한다. 그 이유를 아는 것은 이직하고자 하는 직원을 위해서가 아니라 남아 있는 직원들을 제대로 관리하고 유지하기 위해서이다.

그 이유가 관리자의 책임과 권한을 넘어서는 것이 될 수도 있지만, 그렇다 하더라도 그 이유를 알고 대처하거나 회사에 건의를 해야 한다. 남아 있는 직원들이 같은 이유로 회사를 관둔다면, 그것은 관리자의 책임이라고 할 수 있다.

아이러니하게도 남아 있는 직원들이 계속해서, 그리고 열심히 회사 생활하도록 환경을 만들 수 있는 기회는 이직하려고 하는 직원이 만들어 줄 수 있다. 평상시 관리자가 직원들에게 무언가를 해 주어야겠다고 생각만 하고 제대로 행동하지 못했다면 이 기회를 활용해서 직원들에게 무언가를 해 줄 수 있다. 이직의 원인을 가지고 처우개선이나 다른 방법을 통해서 직원들에게 조금 더 나은 회사 생활의 여건을 만들 수 있다.

남아 있는 직원들이 하는 업무량에 비해 연봉 수준이 불만이라면 회사에 건의를 해서 연봉을 조정할 수도 있고, 연봉 시스템을 보완하여 더욱 성과를 많이 내는 직원들에게 많은 연봉을 주게 할 수도 있다. 승진체계가 문제라면, 승진체계를 조금 더 보완할 수도 있고, 부서 내 조직풍토가 문제라면 향후에 올바른 방향으로 조직풍토를 바꿀 수도 있다.

그렇지만 본질적인 이직의 문제가 인간관계로 인한 갈등에서 시작된 이직이라면 고민과 반성이 필요한 부분이다. 동료 간의 갈등이라면 실제 갈등을 일으키는 조직의 반항아가 누구인지를 파악해야 한다. 조직의 반항아를 그대로 방치하는 것은 관리자로서 제대로 역할을 하지 못한 결과이기 때문에 결국에는 관리자가 일 잘하는 직원을 다른 회사로 넘겼다고 볼 수 있다. 조직의 반항아가 누구인지를 파악하고 적절하게 대처를 해야 하는 것도 관리자의 책임이다.

하지만 갈등이 상사와의 갈등이라면 어떻게 대처해야 할지 난감할 것이다. 특히 관리자 본인과의 갈등에서 직원이 이직을 결심했다면 굉장히 난처한 상황이 될 것이다. 관리자가 객관적으로 판단을 해 본 결과, 사실 이직하려고 한 직원이 조직 내에서 성과가 떨어지고 성과를 높이기 위한 노력도 안 해서 관리자가 계속 주의를 주었고, 그런 환경이 갈등을 만들었기 때문에 이직을 결심했다면 바로 회사를 관두게 하는 것이 맞다. 그런 경우에는 해당 직원의 이직하고자 하는 마음을 알았다면 바로 처리를 하는 것이 조직이나 개인을 위해서 도움이 된다.

그런데 상사와의 갈등은 맞는데, 관리자가 제대로 리더십을 발휘하지 못해서 직원이 이직을 결심했다면 모든 문제가 달라진다. 관리자가 이러한 문제를 알고도 쉬쉬한다고 해서 다른 사람들이 모를 문제가 아니다. 혹시나 관리자의 상사도 비슷한 성향이어서 문제를 감추고 회피하는 것이 지금 당장은 가능할지 몰라도 조금만 시간이 흐르면 회사의 모든 직원들이 이 사실을 알게 된다.

관리자 입장에서 이러한 상황에서 필요한 것이 용기이다. 스스로

반성하고 다른 부하직원들에게 용서를 구하고 반성을 하고 면담을
해서 자신의 문제가 무엇인지를 다시 확인하고, 다시는 그런 문제가
발생하지 않기 위해서 필요한 조치를 스스로에게 취해야 한다. 이런
용기를 내지 못하고 스스로 방치한다면, 그 관리자는 관리자의 지위
에서 오래 있지 못할 뿐만 아니라 회사 생활 자체가 어려워지게 된다.

부하직원이 이직하겠다고 하면 왜 이직을 결심했는지 그 본질적인
원인을 찾아서 치유해야 한다. 그 원인이 관리자 본인에게 있었더라도
쉬쉬하지 말고 반성하고 원인에 대한 대안을 찾아서 실행해야 한다.

53

같은 언어로 대화해야 한다

상대가 정확히 이해하도록 몇 번이고 이야기할 줄 알아야 한다. 같은 말을 반복하기는 쉽지 않은 일이지만, 그렇게라도 해서 상대방이 내 말을 정확하게 알아들을 수 있다면 보람 있는 일이라고 할 수 있다.

더욱이 부하직원과의 의사소통에서 관리자는 A라고 이야기했는데 부하직원들이 A, B, C로 알아듣는다면 제대로 된 의사소통이 아니다. B, C로 알아들은 부하직원들이 A로 이해하도록 만드는 것도 관리자에게는 필요한 능력이다. 그렇다고 그 능력을 발휘하는 데에 특별한 방법이 따로 있는 것이 아니다. 반복해서 이야기하는 것만이 길이라고 이야기해 주고 싶다.

회사의 비전을 직원들에게 명확하게 알려 주기 위해서는 10번 이상을 경영자가 모든 직원들에게 강조해야 그중 10% 미만의 직원들만이 알아듣는다고 한다. 그래서 모 회사는 어떤 회의를 하든지 간에 항상 회의 시작 전에는 비전에 대한 강조를 하고 나서 회의를 시작한다고 한다. 이렇게 해야 비전 체화 작업이 어느 정도 성과가 난다고 한다.

비전이라는 회사의 중요한 덕목을 알려 주는 것도 이렇게 힘든 작업을 거치는데 개인의 의사소통에서, 특히 관리자가 부하직원에게 지시를 하는 경우에는 이보다 더 많은 노력이 필요할 것이라고 보인다.

부서의 의사소통에서 중요한 내용은 부서의 방향성에 대한 공유이다. 부하직원들 각자가 자신이 하는 일이 부서의 성과에 어떻게 보탬이 되는지 알게 하도록 해야 일에서의 성취감을 가질 수 있다. 부서의 방향성에 대한 공유를 하기 위해서는 부하직원들과 같은 언어를 쓰고 같은 언어로 이해해야 한다. 부서 전략에 대해서, 또는 부서의 성과를 만드는 작업에 대해서 같은 수준의 이해도가 사전에 정립이 되어야 제대로 된 부서의 방향성 공유가 될 수 있다. 현실에서 부서의 많은 관리자들은 부서의 '전략은 이런 것이다'라고 이야기만 해 주는 경우가 대부분인데, 이런 방식은 같은 언어의 사용이라고 보기 어렵다.

'부서의 전략이 이렇다'라고 이야기하는 것이 아니라 '부서의 전략이 이런데 이것은 이런 의미를 가지고 있고, 이 의미를 실행하기 위해서 우리는 이렇게 행동을 해야 한다'라고 명확하게 이해를 시켜야 부하직원들과 같은 언어로 대화가 가능하고 이해가 가능해지는 것이다.

조직의 방향성 제시

리더는 조직의 방향성을 제시해야 한다. 리더는 조직이 어디로 가야 하는 지를 알고 있어야 하며 조직원들을 어떤 방향으로 이끌 것 인지를 알아야 그 조직은 존재할 수 있는 것이다.

조직원 각자가 가고자 하는 방향으로 서로 상이하게 움직인다면 그 조직은 더 이상 존재할 수 없게 된다.

54

나이가 중요한 것이 아니라 능력이 중요한 것이다

나이 숫자는 육체에 한해서 한정된 것이다. 가치관이나 능력은 육체적 나이와는 상관이 없다. 하지만 여전히 많은 조직에서는 나이가 능력보다 우선하는 것 같다.

예들 들어 보면, 관리자의 자리가 공석인 경우에 능력보다는 나이를 우선하는 관행은 어느 조직에서나 존재하는 것 같다. 물론 그렇지 않은 조직도 있을 것이라고 생각은 한다. 나이가 어느 정도 있어야 부하직원을 통솔할 수 있다고 믿는 것은 경영자 스스로가 본인의 나이를 감안한 자세이며, 나이 많은 직원들에게 온정주의를 베풀기 위한 행위라고밖에 할 수 없다.

나이가 많아야 관리자가 될 수 있다는 당위성보다는 그 지위에서 제대로 역할을 할 수 있는 사람이 누구인지를 파악하고 그 지위에 앉히는 것이 중요하다. 나이 때문에 관리자 지위를 부여했지만, 그 지위에 맞는 행동을 하지 못해서 조직 내에서 갈등을 일으키는 관리자들이 무척이나 많다. 관리자 개인적인 문제로 한정해서 생각할 수도 있지만 조직에서는 큰 비용을 수반한다. 한 명의 잘못된 관리자가 올바른 직원 수십 명을 퇴사시키는 결과를 초래할 수 있기 때문이다.

과학적 인사관리에서 가장 중요한 분야 중에 한 분야는 적재적소에 인력을 배치하는 것이다. 관리자의 역량은 과거의 성과로만 따지는 것도 아니고, 나이가 많다고 해서 적임자라고 이야기하는 것도 아니다. 관리자로서 갖추어야 할 역량을 정의하고 해당 직원이 이 역량에 얼마나 부합되는지를 판단하고, 그 가능성을 판단해서 그 자리에 앉히는 것이다. 과학적 인사관리 시스템을 도입한 회사들이 무척이나 많지만 과학적 인사관리의 본질을 이해하지 못하는 회사들도 무척이나 많다. 능력보다는 근속연수나 나이를 우선으로 관리자의 지위를 부여하는 회사들이 아직도 많기 때문이다.

부장이나 과장 또는 대리라고 해서 관리자의 자리에 적임자가 따로 있는 것이 아니다. 잠재성과 역량을 보고 대리가 관리자가 될 수도 있는 것이다. '대리가 관리자가 되면 그 위에 직급인 과장이나 부장은 어떻게 해야 되나'라는 고민을 할 필요가 없다. 과장이나 부장은 자기 직급에 맞는 역할과 책임이 있는 것이다. 단지 관리자로서 역량이 부족한 것이지 업무에 대한 역량이 부족한 것은 아니다. 과장이나 부장도 이런 트렌드를 읽고 수용을 해야 한다. 회사나 대리 직급의 관리자에게 불만을 가질 필요가 없다.

앞으로는 지금보다 더한 상황들이 연출될 것으로 보이기 때문에 이런 상황이 싫다면 본인이 관리자가 되기 위해서 더욱 노력하거나, 아니면 자신만의 회사를 만드는 것이 보다 옳은 방법이 될 것이다.

55

독서 경영의 중요성을 일깨워라

독서는 나 자신이 아니라 남을 위해서라도 필요한 것이다. 남들과의 대화에서 남들에게 무언가를 남기고 싶다면 독서만큼 자신의 간접경험과 지식을 넓힐 수 있는 수단은 없다고 해도 과언이 아니다.

회사에서 잘나가는 직원이 되고 싶다면, 남들보다 조금은 논리적으로 사물을 보고, 조금 더 논리적으로 말을 하고, 조금 더 논리적으로 보고서를 작성해야 하는데, 그런 역량을 키우기 위해서는 따로 공부를 할 수도 있지만 독서를 통해서 개발이 가능한 영역이라고 생각한다.

관리자가 직원의 능력을 개발하기 위해서 교육을 보내고, 사내 직무 개발을 위한 훈련을 시키는 것도 중요하지만 근본적인 능력 개발을 위해서는 책을 읽도록 권해야 한다. 아니, 책을 읽도록 강제를 하는 것도 한 방법이 될 수 있다.

우리나라 직장인들은 일년에 평균 열두세 권 정도의 책을 읽는다고 한다. 글쎄 일년에 평균 열두세 권 정도의 책을 읽고 자신의 사고력을 높이고 논리성을 높이는 일이 제대로 될지 의문이다. 그러면 왜 그렇게 책을 읽지 않는 것인지 의문이 꼬리를 물 수밖에는 없는데, 그 핑계가 역시 핑계라는 생각이 들 뿐이다.

책을 읽지 않는 이유 중에 가장 높은 비율의 핑계는 시간이 없다는 것이다. 바빠서 책을 읽지 못한다고 이야기하는데, 세상에 모든 직장인들이 바빠서 책을 읽지 못한다고 이야기하지는 않는다. 신문에 날 정도로 책을 많이 읽는 직장인들은 일 년에 최소한 백 권 이상은 책을 읽는다고 한다. 같은 직장인인데 누구는 일 년에 책을 백 권 이상 읽고, 누구는 일 년에 책을 열두세 권 정도 읽는 현상은 결국 시간의 핑계는 핑계를 위한 핑계일 뿐이라는 결론에 도달하게 된다. 얼마 전만 해도 출퇴근 시간에 지하철을 타면 책을 읽는 사람을 심심찮게 보았다. 그러나 최근에는 스마트폰 때문에 너도나도 고개를 숙이고 스마트폰으로 게임하거나 동영상을 보는 데 모든 시간을 투자하고 있다. 상황이 이렇다 보니 책 읽을 시간이 당연히 없을 수밖에 없는 것이다. 책을 읽을 수 있는 시간은 지하철을 타고 가는 출퇴근 시간 외에도 자신의 하루 생활을 분석해 보면 여러 자투리 시간을 일상생활에서 만들어 낼 수 있다. 그 자투리 시간을 어떻게 활용하는지가 독서의 양을 좌지우지하는 것이다.

그렇다고 출퇴근 시간에 스마트폰으로 무언가를 하는 것을 나쁘게 말하는 것은 결코 아니다. 출퇴근 시간에 스마트폰으로 인맥관리할 수 있는 소셜 네트워크(SNS)를 활용할 수도 있다(필자도 가끔은 지하철을 타고 가면서 페이스북을 활용한다). 스마트폰이라는 도구가 문제라고 말하기보다는 독서에 대한 사람들의 인식을 말하고 싶은 것이다.

책을 읽을 시간이 없다고 말하는 직장인들의 태도에 문제가 있다고 생각한다. 솔직하게 책 읽는 것이 싫다고 이야기하면 될 것을 굳이 다른 핑계 거리를 만든다. 하지만 책 읽는 것이 싫은 사람도 사회에서, 회사에서, 조직에서 성공하기 위해서는 조금 더 많은 분량의 책을 읽기를 권한다.

관리자는 책을 읽는 중요성에 대해서 부하직원들의 인식을 바꿔줄 필요가 있다. 자신을 위해서 책을 읽는 것도 소중하지만 다른 직원들과의 협업에서 필요한 능력을 배양할 수 있다는 점을 강조해야 한다. 그리고 직무와 관련된 책을 읽는 것을 강제할 필요도 있다. 내가 하는 업무에서 전문가가 되기 위한 간접경험은 너무나도 소중한 것이기 때문에 최소한 직무 관련된 책을 백 권 이상을 읽도록 강제해야 한다. 읽기만 해서는 소용이 없고, 읽고 나서는 그 내용을 서로 공유하고 토론하고 하는 장을 만들어서 활용해야 한다.

필요하다면 관리자는 사내 독서 클럽을 만들어서 운영을 하는 것도 좋겠다. 책을 공짜로 사 주고 읽을 수 있는 장을 만들어 주는 것이다. 이렇게까지 했는데도 책을 읽지 않는 직원들이 있다면 마지막 수단을 써야 한다.

가장 강제적인 방법이고 약간은 치사한 방법일 수도 있지만, 인사고과에 반영하도록 하는 것이다. 인사고과에 반영하게 되면 행동으로 옮길 수밖에 없다. 인사고과의 결과는 금전적 보상으로 연결되도록 되어 있기 때문에 직장인이라면 어쩔 수 없이 인사고과에 따라 행동을 하게 된다. 그것이 인사고과가 가지고 있는 영향력이라고 할 수 있다.

치사한 방법이라고 생각이 들더라도, 먼 훗날 책을 많이 읽은 후배사원들이 관리자에게 고마움을 표현하는 날이 올 것이라고 믿어 의심치 않는다.

학습의 중요성

경영환경의 변화가 지금의 시대만큼 빠른 시기도 없다.
경영 환경 변화의 요인이 기술적인 발전이든, 세계화에 기인하든 그 이유와는
상관없이 조직이 생존하기 위해서는 이제 그러한 변화에 적응해야 한다.
변화에 적응하는 조직이 되기 위해서는 학습하는 조직이 되어야 한다.

56

학습조직을 만들어야 한다

공부하는 조직을 만들어야 서로 상생할 수 있게 된다. 독서의 중요성 못지않게 중요한 것이 학습하는 것이다. 회사마다 학습 조직을 만들어야 한다고 하면서 학습을 강조하는 것은 변화의 환경에 대비하기 위한 수단으로 활용할 수 있기 때문이다.

학습환경을 만드는 것도 관리자의 몫이다. 학습의 필요성인 변화의 중요성을 서로 공유하고 공감하면 학습환경을 만들 수 있게 된다. 변화의 근본적인 필요성에 대해서 공감을 하고 변화가 회사에 미치는 영향, 그리고 조직에 미치는 영향에 대해서 설명을 하고 부하직원들이 따르도록 설득해야 한다.

그러면 대부분의 직원들은 따라오려고 하는데 문제는 일부 몇 명은 변화의 장애물로 작용할 수도 있다. 원래 변화를 싫어하는 것은 사람의 본성이고, 특히 기득권이라고 해서 회사에서 어느 정도 지위를 가지고 있는 직원들은 그 기득권을 지키기 위해서 변화를 싫어한다. 그렇다 하더라도 변화의 장애물을 변화의 장으로 끌어들이는 것도 관리자의 역할이다. 장애물을 참가자로, 참가자에서 촉진자로 만들도록 노력을 해야 한다.

학습 조직의 환경이 조성되면 학습을 자연스럽게 업무과정에서 이루어지는 일로 만들어야 한다. 업무에서 발생할 수 있는 주제를 선정하여 서로 토론하고, 토론과정에서 직원들로 하여금 각각의 역할을 수행하도록 돕는 것이다. 누구는 촉진자의 역할로, 누구는 발표자의 역할로, 누구는 서기의 역할로, 누구는 비평가의 역할로 나누어서 그 역할을 수행하되 주제가 달라지면 그 역할도 달라지게 해서 한 사람이 여러 역할을 소화하도록 만드는 것이다. 사실 이 기법은 액션런닝 기법을 차용한 것이다. 액션런닝기법은 한 사람이 여러 역할을 수행하면서 그 역할에서 리더십이나 다른 역량들을 학습할 수 있는 조건을 만들어서 배워 가는 과정이라고 할 수 있다.

방법도 중요하지만, 학습 조직은 변화에 있어서 변화를 따라잡을 수 있는 수단이기 때문에 중요한 것이고, 나아가서는 직원들이 무언가 배울 수 있고 역할에 따라 미래의 지위를 대비하는 연습이 될 수 있기 때문에 중요한 것이다. 이러한 연습을 미리 시키기 위한 관리자의 노력이 과정에서 녹아들어 조직 변화와 개인을 변화시킬 수 있다.

학습이 중요하다고 말로만 떠드는 관리자가 아니라 학습을 몸소 실천하고 학습을 몸소 실천하게끔 도와주는 도우미가 되는 것이 직원들의 미래를 대비하는 것이 된다.

학습조직의 중요성

전략적 인사 관리의 한 측은 학습조직을 만드는 것이다
학습 조직을 통하여 기업은 변화하는 환경에 보다 빠르게 적용할 수 있다.
인사 관리는 조직원들이 학습에 동기부여 되고 조직 역량으로 승화시킬 수 있는 여건을 만들어 줘야 한다.

57

프레젠테이션의 귀재가 되어라

남들에게 설명하고 설득하는 능력이 있어야 진정한 관리자의 길에 들어섰다고 할 수 있다. 애플의 스티브 잡스가 유명한 것은 그의 경영의 탁월함 때문만이 아니다. 그렇다고 애플에서 쫓겨났다가 다시 복귀했던 과정에서의 리더십이 훌륭했기 때문만도 아니다. 또한 애플에서 아이폰이나 아이패드를 만들어 히트를 친 것 때문만도 아니다.

스티브 잡스가 유명한 것은 그의 탁월한 프레젠테이션 능력이 있기 때문이라고 말하고 싶다. 프레젠테이션 관련 교육을 듣다 보면, 항상 스티브 잡스가 스탠포드 대학에서 했던 졸업연사를 보곤 한다. 물론 스탠포드 대학에서의 졸업연사뿐만 아니라 신제품을 출시했던 때마다 스티브 잡스는 본인이 직접 제품 설명회를 하곤 한다. 제품 설명회를 누가 하느냐에 따라 고객이 받아들이는 감동이 다른데, 스티브 잡스가 제품 설명회를 할 때 고객이 더 감동을 느끼게 되는 것은 분명 그의 능력임에 틀림이 없다. 애플에도 많은 프레젠테이터들이 있을 텐데 굳이 CEO가 직접 제품 설명회를 하는 것은 그만큼 그가 프레젠테이션을 잘하는 사람이라고 이야기할 수밖에 없다.

경영자가 프레젠테이션에 능숙해야 한다고 주장하는 것은 아니지만, 관리자는 프레젠테이션에 능숙해야 한다. 스티브 잡스의 능력만큼은 아니더라도 남들을 설득하는 능력은 필요하다. 그것이 변화를 위한 초석을 다지는 일이든, 아니면 회사의 방향성을 부하직원들에게 설명을 하는 내용이든, 프레젠테이션의 능력에 따라 받아들이는 사람의 폭을 좌우하기 때문이다.

관리자는 업무과정에서 수많은 설득의 기회를 갖고 있고 설득을 해야 한다. 대상이 고객이든 직원이든 상관없이 그 상황은 넘쳐난다. 그런데 설득의 능력이 달려서 다른 직원을 시키거나 청중 앞에서 제대로 자신의 이야기를 하지 못한다면 능력을 의심받게 된다. 능력을 의심받는 것도 있지만, 스스로도 자존심에 상처를 받게 된다.

아무렇지도 않은 척하지만, 얼마나 창피하고 부끄러운 일인지는 본인이 더욱 잘 알고 있다. 꼭 이런 이유가 아니더라도 프레젠테이션은 이제 관리자의 기본 역량이다. 자신이 자신을 평가해서 프레젠테이션 능력이 떨어진다고 생각한다면 교육을 신청해서 수강하거나 직원들 앞에서 말을 할 수 있는 기회를 자꾸 만들어서 말하는 연습을 하고 부하직원들에게 피드백을 받아야 한다. 피드백은 상사가 부하직원에게만 하는 것이 아니라 상황에 따라서는 부하직원이 상사에게도 충분히 할 수 있는 것이다. 관리자가 받아들일 마음의 준비가 되어 있다는 전제조건 하에서 말이다.

58

일은 같이 하는 것이다

세상에는 독불장군이라는 것이 존재하지 않는다. 더욱이 회사는 같이 일을 해야 성과를 낼 수 있는 곳이다. 나만 잘났다고 생각하는 사람들은 부정하고 싶은 말이겠지만 이는 진실이라고 감히 말할 수 있다.

어떤 관리자는 자신의 학벌을 믿고, 자신의 주장만을 강요하는 사람들이 있다. 자신만의 생각이 옳고 부하직원들의 의견을 무시하는 사람들인데, 업무에서는 학벌이 그다지 중요하지 않다. 학교에서 배운 것을 실무에서도 써먹을 수 있는 것이 많다고 생각하겠지만, 실상은 그렇지가 않다. 외국에서 공부를 하고 왔다고 해서 능력도 뛰어난 것은 아니다. 외국에서 공부했다면 남들보다 영어는 잘하겠지만 업무 능력의 잣대가 될 수가 없다. 그런데도 그 학벌을 중요하게 생각하는 회사가 있고, 자신을 그 잣대로 평가하는 관리자도 있다.

어떤 관리자는 경험을 강조한다. 신입사원 때부터 하나부터 열까지 모든 일을 해 보았기 때문에 자신의 경험을 따라야 한다고 주장한다. 그냥 생각을 해 보면 맞는 말일 수도 있다는 생각이 들지만, 실상은 그렇지가 않다. 업무방식도 진화를 하기 때문에 경험이 관습이 되어 굳어지면 관료주의가 될 뿐이다. 업무방식은 진화를 하는데 본인은 자신의 경험만을 강조하게 되면, 낡은 방식으로 변했다는 사실을 자신만 모르는 것이 되고 만다.

심지어 어떤 관리자는 자신의 지위를 강조한다. 관리자의 지위에 있으니 무조건 따라오라고 이야기를 한다. 물론 관리자의 지위에 오르기까지 많은 경험과 학습을 해서 노력을 한 결과이기는 하겠지만, 그렇다 하더라도 지위가 일의 성과를 독자적으로 만들 수는 없다.

그래서 관리자는 일을 함에 있어 자신만의 주장이 아니라 다른 사람의 의견을 듣고 조율하는 능력이 필요한 것이다. 성과는 혼자 내는 것이 아니라 부하직원의 생각과 경험을 듣고 서로 상의해서 판단을 해야만 옳은 결정이 되고 조직의 성과를 창출할 수 있다.

천상천하 유아독존이라는 말은 무협지에서만 통하는 말일 뿐이다. 이 말을 신봉해서 회사에 적용하려고 시도하는 관리자가 있다면 천하의 바보가 될 뿐이다.

59

부하직원 육성의 본질을 깨달아야 한다

부하직원을 육성하는 것이 목적이나 의미 없이 회사에서 말하는 슬로건이라고 생각해서는 안 된다. 관리자이기 때문에, 회사에서 하라고 하니까 부하직원 육성을 겉으로 하는 척하는 것도 곤란하다. 관리자 인사평가에 부하직원 육성이라는 항목이 있어서 마지못해 하는 것도 진정한 부하직원 육성에 대한 본질을 꿰뚫어 보지 못하는 행동이다.

조직의 수직적 속성에서 부하직원 육성에 대한 본질을 생각해 보아야 한다. 그 본질은 부하직원에게도 득이 되지만, 무엇보다도 관리자 본인한테 득이 되는 것이기 때문이다.

조직의 수직적 속성에서의 부하직원 육성의 본질은 부하직원을 육성해야 관리자의 지위에서 경영자의 지위로 상승할 수 있게 된다는 것이다. 관리자의 역할을 할 수 있는 부하직원이 없다면, 아무리 경영자의 자질을 갖추고 경영자의 자리가 공석이 되었다고 해서 관리자가 그 자리로 올라갈 수가 없다.

사다리는 첫 번째 계단을 밟으면 다음 계단을 밟아야 올라갈 수 있는 것이지, 첫 번째 계단을 밟고 나서 마지막 계단을 밟을 수 있는 것이 아니다. 마지막 계단이 경영자의 지위라면 계단의 첫 번째 계단은 관리자의 지위이다. 관리자는 다음 계단을 오르기 위해 자신을 받쳐줄 수 있는 사람이 없다면 더 이상 계단을 올라갈 수가 없는 것이다.

회사마다 부하직원의 육성이 중요하다고 이야기하는 것은 부하직원 교육이 중요하고 직원들의 니즈가 있어서 육성을 해야 한다고 말하는 것이 아니다. 부하직원의 육성은 사다리의 계단을 만드는 과정이기 때문에 회사마다 중요하다고 이야기하는 것이다.

조직 구조는 수직적 관계를 유지하는데, 수직적 관계에서 중간에 구멍이 생기면 중간 구멍 밑에 있는 사람이 그 단계를 뛰어넘어 다음 단계로 갈 수가 없다. 관리자라면 이 같은 조직생리를 알고 있어야 한다.

단순히 회사에서 부하직원 육성이 중요하니까 시키는 대로 부하직원을 육성하는 것이 아니라 조직생리의 원칙을 이해하고 부하직원을 육성해야 한다.

물론, 부하직원의 니즈도 중요하다. 조금 더 발전한 자신의 모습을 보고 싶어 하는 것이 최근의 직원들의 생각이다. 조금 더 발전된 모습으로 이끌어 주고 그 모습을 같이 지켜보는 것은 직원들의 업무 몰입도를 높이는 방법이기 때문에 관리자는 조직생리와 직원 니즈를 균형 있는 시각으로 보고 부하직원을 육성할 수 있는 방법을 모색하고 실행해야 한다.

후계자 양성

조직에서의 리더로써의 가장 큰 책임은 후임자를 리더로 만드는 것이다.
리더를 평가할 때 조직에서 얼마나 성과를 내는 가도 중요하지만, 조직원들을
어떻게 육성하고 리더로 만들었는가 하는 것이 더욱 중요한 평가 요소가 된다.
리더의 최대 목적은 조직원들을 리더로 육성하는 것이다

60

나보다 뛰어난 사람을 조직에 추천해라

외부 인력을 영입할 때도 나보다 뛰어난 사람인지를 판단을 하고 영입을 해야 한다. 어떤 관리자는 자신보다 뛰어난 직원을 채용하게 되면, 자신의 자리가 위태롭게 된다고 생각한다. 그래서 항상 자신보다 못한 직원을 채용하게 되는데, 이 사고방식이 더욱 관리자의 자리를 위태롭게 만든다는 사실을 지각해야 한다.

관리자는 부서의 성과를 책임지는 자리에 있는 사람인데, 자신보다 못한 직원들만 채용하게 되면 결국에는 부서의 성과가 떨어지는 결과를 가져오게 된다. 부서의 성과가 떨어지면 회사에서는 추궁을 할 것이고, 결국에는 관리자의 지위를 박탈할 수도 있다. 이런 결과를 만든 장본인은 결국 관리자이다. 단기적 시각으로 사람을 채용하고 '나보다 못한 사람이니까 감히 내 자리를 넘보지 않겠지'라고 생각을 하는 사람은 자기 꾀에 자기가 넘어가게 되어 있다.

관리자라면, 자신의 자리를 위협하는 요인으로 사람을 볼 것이 아니라 회사와 부서의 성장이나 발전 관점에서 사람을 볼 수 있어야 한다. 유능한 사람이 자신의 자리를 위협한다고 생각하기보다는 유능한 사람을 뽑게 되면 그만큼 회사와 부서의 성과가 향상된다고 생각할 줄 알아야 한다. 복지부동은 전자와 같이 회사보다는 자신의 자리를 지키기에 바쁜 사람들이 하는 행동이라고 할 수 있다.

언젠가 한 회사에서 어떤 관리자가 이런 이야기를 했다. 절대로 회사에서 자진해서 퇴사를 하지 말고, 절대 유능한 사람을 뽑지 말고, 복지부동해서 오래 회사 생활을 하라고 충고 아닌 충고를 들은 적이 있다. 당연히 그 관리자는 지금은 회사에 남아 있지 않다. 그 충고가 맞는 이야기라면 그 관리자가 회사에서 지금도 자신의 자리를 지키고 있어야 하는데 그 관리자가 지금 회사에 없는 존재가 된 것은 그 충고 아닌 충고가 절대로 진리가 아니라는 이야기인 것이다.

그리고 부하직원들이 유능해야 관리자 자신도 발전할 수 있게 된다. 부하직원들에게도 배울 점이 있다고 이야기했는데 유능한 부하직원들에게 많은 것을 배우게 되면 관리자도 발전을 하게 되고, 그 발전된 모습이 자신의 지위를 향상시켜 줄 것이다. 사다리의 기초를 다지는 것은 자신보다 유능한 직원들을 뽑는 것이다.

61

경영진에게 직언을 할 수 있어야 한다

경영진이 잘못된 판단을 하면 잘못된 판단이라고 이야기해야 한다. 관리자는 참모 역할을 하는 사람이다. 전쟁에서 장군의 잘못된 판단이 있으면 참모가 나서서 장군의 권한을 통제할 수 있어야 전쟁에서 이길 수 있다.

회사도 하나의 전쟁터이다. 경영진이라고 해서 무조건 옳은 판단을 하는 것이 아니다. 각 직무별 관리자를 두는 것은 경영진이 제대로 된 판단을 하기 위해서 필요하기 때문이다. 그런데 이 직무별 관리자들이 자신의 역할을 망각하고 그저 아부나 하고 승진이나 바라고 있으면 결국에는 전쟁에서 패배하게 될 것이다.

참모 역할을 제대로 하려면 경영진을 모니터링할 수 있어야 한다. 마치 이사회의 일원처럼 행동할 필요도 있다. 과장되고 터무니없는 이야기로 치부하지 말고, 관리자의 역할을 생각해 보아야 한다.

잘못된 의사결정으로 회사가 망하면 경영진이고 관리자고 부하직원이고 다 필요가 없게 된다. 극단적 상황을 이야기하는 것이지만 그렇게 되지 말라는 법도 없다. 그래서 관리자는 경영진이 제대로 일을 하는지 모니터링하고, 제대로 일을 하고 있지 않다면 올바른 길을 제시해야 한다.

건방지다고 생각하는 경영진도 있을 수 있다. 그 건방진 태도로 인하여 회사에서 승진이 안 될 수도 있다. 그렇다고 비겁함으로 자신을 감쌀 필요는 없다. 결국에는 회사 생활을 조금 더 할 수 있는 사람은 용기 있는 관리자가 될 것이다. 최악의 상황에서 회사에서 나온다고 하더라고 주변에 있는 사람들이 용기 있는 관리자를 알아줄 것이다. 그 사람들이 도움을 줄 것이고 새로운 인생을 설계할 수도 있다.

부하직원들이 자랑스럽게 생각하는 관리자는 경영진에게 직언할 수 있는 관리자이다. 아부만으로 생계를 이어가는 관리자를 존경하는 부하직원은 없다. 물론 존경만으로 먹고 살 수 있는 것은 아니지만 관리자라면 무조건 YES라고 이야기하는 것보다는 자신의 의견을 분명히 피력할 줄 알아야 한다.

'회사 생활은 생계를 위한 것만은 아니다'라고 믿고 싶다. 자신의 가치관과 자신의 꿈을 이루기 위해서 회사를 다니는 것이고, 다른 사람의 존경을 받기 위해서 회사를 다니는 것이지 지탄 받기 위해서 다니는 것은 아니다.

어떤 사람은 그렇다면 복지부동을 하면 될 것이라고 이야기하지만, 복지부동을 해서 길고 오래 회사 생활을 하면 죽고 나서 남는 것이 없다.

세상에 이름을 날릴 정도는 아니지만, 내 자식들과 후손들이 나의 이름을 기억해 주는 사람으로 남고 싶다면 용기를 가지고 회사 생활을 하자.

62

항상 스스로 변화하라

변화관리의 시작은 나로부터 시작된다. 회사가 그리고 부서가 변화하기를 원한다면 먼저 나부터 변해야 한다. 변화라는 것은 관성이 있다. 변화하려고 하면 나태함과 안락함이 그 변화를 처음 위치로 돌려놓는다. 그래서 변화가 어렵다고 이야기를 한다.

작심삼일이라는 말은 다 알 것이다. 연초에 원대한 생각으로 올해의 목표를 세우지만 삼 일은 고사하고 하루도 지키지 못하는 경우가 허다하다.

'왜 그럴까?'

그것은 자신의 나태함과 안락함 때문이다.

개인의 변화도 어려운데, 조직과 회사가 변화하려면 그 과정이 얼마나 어려운지 너무나 쉽게 이해할 수 있다. 그래서 회사와 조직이 변화하려면 관리자의 변화부터 시작되어야 한다. 관리자는 회사와 조직에서 중추적인 역할을 수행하는 사람들이다. 중간 매개체로 경영진과 직원을 연결하는 고리이다. 이 고리들이 소리를 내고 변화를 시작하게 되면 회사와 조직이 변화할 수 있는 것이다.

고리 역할을 하는 개개인의 관리자는 그래서 변화를 시작해야 한다. 자신부터 변화하지 않으면 회사와 조직의 변화도 기대할 수 없다. 조직의 변화의 시작은 부서의 변화에서 시작되고, 부서의 변화의 시작은 개인의 변화에서 시작되는 것이다. 변화의 기치를 올리고 닻을 올린 조직은 배를 구성하고 지탱하는 개인들이 각자의 역할을 해야만 순항할 수 있게 된다. 변화도 개인의 변화부터 시작해서 조직의 변화까지 만들어 가는 것이다. 관리자는 그 변화과정 속에서 변화의 모델이 되고, 변화를 이끄는 리더가 되어야 하는 것이다.

구태의연한 방식으로 업무를 처리하던 습관을 버리고 항상 새로운 시각에서 더 나은 대안을 모색하는 관리자, 자신의 주장보다는 부하직원들의 다양한 의견을 수렴하는 관리자, 모든 일을 아부로 해결하는 것이 아니라 능력과 실력으로 승부를 거는 관리자, 자신보다는 부하직원의 입장에서 생각을 하고 부하직원을 독려할 수 있는 관리자가 변화하려고 노력하는 관리자의 모습이다.

63

작은 성공을 보여 주어야 한다

작은 성공은 긍정의 힘이 된다. 변화관리에서 가장 중요한 포인트 중에 하나는 작더라도 변화의 성공을 보여 주어야 한다는 것이다. 그래야 직원들이 공감하고 변화에 동참할 수 있다고 한다.

부서를 운영하려면 실패의 문화를 만들어서는 안 된다. 자꾸 실패하다 보면 실패주의에 빠져서 앞으로 하는 일도 모두 실패할 것이라고 미리 겁을 먹게 된다. 부하직원들이 실패주의에 빠지지 않게 하기 위해서 관리자는 작더라도 성공한 사례들을 만들고 발굴하고 공유해야 한다.

영업부서에서는 실적 규모가 작더라도 계약이 성사되면 축하의 자리를 만들어서 성공을 공유해야 하고, 관리부서에서는 새로운 시스템을 개발하면 시스템 완성시기에 축하 자리를 마련해서 성공을 축하하는 자리를 자꾸 만들어야 한다.

관리자가 성공을 크게 해석해서 수십억의 매출 건만을 중요하게 생각하고, 수십억의 매출 건을 만들기 위한 과정보다는 결과만을 중요하게 여기게 되면 그 과정에서 자꾸 잘못된 관행과 잘못된 사고가 발생하게 된다. 큰 성공을 위해서는 작은 성공들이 모여서 큰 성공을 만드는 것인데, 작은 성공의 경험도 없이 큰 성공으로 가려고 하기 때문에 사건 사고가 생길 수밖에 없는 것이고, 부서의 패배주의가 팽창할 수밖에 없는 결과를 초래하게 된다.

작은 성공을 크게 확대 해석할 필요도 없다. 어떻게 보면 회사의 매출이나 시스템 완성보다도 더 작은 성공을 만들 필요도 있다. 부하 직원들이 성취감을 느낄 수 있는 것이라면 아무것이라도 성공의 사례를 만들 수 있다. 책 읽기를 싫어하는 사람이 책 한 권을 다 읽었다면 그것도 성공의 사례가 될 수 있고, 부서 내의 결혼하지 않은 직원이 결혼을 하게 되면 그것도 성공의 사례가 될 수 있고, 아기를 원하는 직원이 아기를 갖게 되면 그것도 성공의 사례가 될 수 있다.

작은 것이 모여서 큰 것이 되는 것이다. 작은 개울이 모여서 강이 되고 바다도 되는 것이다. 사소한 것이라도 직원들이 성취감을 느끼고, 성취감을 만들 수 있는 것이라면 모든 것이 성공의 사례가 될 수 있다. 관리자는 사소하고 작은 성공을 발굴하고 공유해서 변화를 위한 기반을 만들어야 한다.

작은 성공의 중요성

작은 성공이 변화의 실마리이다. 작은 성공은 조직원들에게 우리도 할 수 있다
는 메시지를 전달한다

작은 성공은 결국 파장처럼 퍼져나가 작은 성공들이 모여 조직 역량으로 바뀜
으로써 큰 성공을 이루게 된다.

64

'할 수 있다'라는 믿음을 만들어 주어야 한다

할 수 있다는 신념을 가지고 할 수 있다는 분위기를 만들어야 한다. 작은 성공들이 모이고 모이면 큰 성공을 만들 수 있는 여건도 만들지만, 작은 성공은 그 여건을 위한 긍정적인 조직문화를 만들 수 있다는 사실도 인지하고 있어야 한다.

긍정적인 조직문화는 긍정적인 말에서부터 출발한다. 할 수 있다고 생각을 하고 접근하는 일은 성공할 수 있지만, 처음부터 '어렵다, 힘들다'라고 생각을 하고 접근하는 일은 성공 확률이 낮을 수밖에 없다.

회사라는 조직이 '할 수 있다'라고 생각하고 말하는 직원들을 좋아할 수밖에 없는 이유가 '할 수 있다'라는 신념으로 일을 하는 직원들이 그렇지 않은 직원들보다 높은 성과를 내기 때문만이라고 생각하지는 않는다. 회사의 미래를 생각해 보면, 이런 직원들이 있어야 삭막한 변화의 환경을 헤치고 나갈 수 있기 때문에 할 수 있다는 신념의 직원들을 소중하게 생각하는 것이다.

최근 해병대 훈련에 일반 직장인들이 참가를 많이 한다고 한다. 회사에서 비용을 들여 험한 훈련을 시키는 이유는 군대는 '할 수 있다'라는 정신이 팽배한 조직이기 때문이다. 즉 회사는 조직원들에게 '할 수 있다'라는 정신을 알려 주기 위해서 비용을 들여서 직원들을 교육시키는 것이다.

사람은 생각에 따라 불가능도 가능하게 만들 수 있다. '할 수 있다'라는 생각으로 일을 하게 되면 실제로 일이 제대로 되는 것을 보게 된다. 부서의 관리자라면 직원들이 '할 수 있다'라고 생각하도록 도우미가 되어야 한다. 관리자가 부하직원의 성과에 대해서 매일 비판적이면 부하직원도 비판적인 직원이 될 수밖에 없다.

관리자가 매일 큰 소리로 야단을 치면 부하직원은 주눅이 들고 눈치만 보게 된다. '할 수 있다'라는 긍정적인 조직문화는 고사하고 '어떻게 하면 깨지지 않을까' 궁리하는 조직문화로 변화하게 된다. '할 수 있다'라는 정신이 중요하다고 말로만 강조하고, 해병대 훈련을 보냈다고 해서 '할 수 있다'라는 긍정적인 조직문화가 생기는 것은 아니다. 관리자의 태도가 긍정적인 조직문화를 만드는 원석이라고 생각을 해야 한다. 그 원석을 어떻게 가공할 것인지는 오로지 관리자의 몫이다.

할 수 있다는 신념

리더가 조직원을 이끄는 원칙 주의 하나는 팀원에게 지속적으로 할 수 있다는 신념을 갖게 해 주는 것이다.

지속적인 '할 수 있다' 라는 마인드는 정말로 그 팀원이 그 목표를 달성하게끔 해 주는 원동력이 된다.

65

전략보다는 실행에 집중하라

실행 없는 전략은 쓸모없는 것이다. 경영진이나 관리자의 역할 중에서 전략에 관한 업무 비중이 많아야 한다고 이야기를 한다. 전략이 제대로 실행이 안 되는 장애요인 중에 하나가 경영진과 관리자가 전략에 대해서 생각할 시간이 없다는 것인데, 사실 꼭 그렇지는 않은 것 같다.

잘 만들어진 전략도 중요하지만, 그 전략을 어떻게 실행할 것인지가 더욱 중요하기 때문이다. 관리자의 업무는 부서의 전략을 만드는 것이다. 회사의 전략에 따라 부서의 전략은 연계시키고, 각 부하직원의 업무와 부서의 전략을 연계시키는 작업이 관리자의 중요한 역할이다.

하지만 전략의 작성보다도 실행에 더욱 집중해야 한다. 전략에 대한 실행방안을 만들고 그 실행방안을 누가 언제 어떻게 실행할 것인지에 대한 책임도 명확하게 지시해야 한다. 책임에 대한 명확성이 떨어지면 전략 실행이 불가능해질 수도 있다.

조금은 엉성하게 작성된 전략이라도 실행이 제대로 되면, 성과를 창출할 수 있다.

사실 현업의 관리자들이 기획 전문가는 아니기 때문에 전략에 대한 지식과 경험이 다소 미흡할 수 있다. 하지만 미흡한 전략이 미흡한 실행을 만드는 것은 아니다. 미흡한 전략은 전문가가 조금 더 손을 봐 주면 되는 것이고 현업의 관리자들은 전략에 따른 실행에 집중해서 하나의 성과를 만드는 것이 더욱 중요하다.

관리자는 성과로 평가를 받는 것이지 잘 작성된 전략으로 평가를 받는 것이 아니다. 이 점을 오해해서 전략 작성에 많은 시간과 노력을 기울이는 관리자들이 있는데, 다른 사람에게 보여 주기 위한 부서의 전략이 아니라는 사실을 기억해야 한다.

66

비전을 제시해야 한다

비전을 어렵게 생각하지 말자.

부하직원들과 꿈에 대해서 대화를 한 적이 있는지 묻고 싶다. 직원들이 어떤 꿈을 꾸고 있는 알고 있느냐고 묻고 싶다.

'관리자가 비전을 제시해야 한다'는 명제는 부하직원들에게 새로운 비전을 약속하는 것이 아니라, 부하직원들이 꿈꾸는 것이 무엇인지를 알고 그 꿈을 실현하게끔 도와주는 것이다.

물론 회사라는 울타리 때문에 가능한 부분도 있을 수 있지만 그렇지 못한 부분도 있을 수 있다. 회사라는 조직체계 때문에 관리자의 권한 범위 내에서 도와줄 수 있는 것도 있고, 도와줄 수 없는 것도 있다.

또한 관리자의 역할이라는 것 때문에 가능한 것도 있고, 그렇지 못한 것도 있다. 관리자는 부하직원의 꿈도 중요하지만 회사와 부서의 성과라는 막중한 책임을 지고 있기 때문에 그 무게에 눌려서 할 수 있는 것이 제한될 수도 있다.

그리고 회사가 추구하는 방향성 때문에, 회사가 추구하는 비전이라는 것 때문에 부하직원의 꿈을 못 들을 것처럼 할 수밖에 없는 경우도 있다. 부하직원이 지금 직무가 아닌 다른 직무의 전문가로서의 꿈을 가지고 있는데 회사의 정책 때문에 들어 줄 수 없는 여건이 될수도 있기 때문이다.

회사라는 울타리, 관리자라는 무거운 짐, 회사의 정책 때문에 부하직원의 꿈을 실현시키는 일에 있어서 조금은 도움이 덜 될지라도 부하직원들이 꿈을 갖도록 해 주는 것이 무엇보다도 중요하다. 그리고 꿈이 있는 직원들의 이야기를 들어 주는 것이 중요하다. 그것이 관리자가 비전을 제시하는 작은 실현의 방법이다.

관리자 본인도 꿈을 가지고 있어야 한다. 정작 본인은 꿈이 없으면서 부하직원들에게 꿈을 가지라고 말할 수는 없다. 본인의 꿈 이야기를 먼저 해야 한다. 지금 당장은 아니더라도 먼 훗날 자신이 되고 싶은 것을 이야기하고 공감해야지 직원들도 자신의 꿈을 이야기하고 꿈을 만들어 간다.

비전은 작은 꿈들의 실현이다. 꿈의 실현을 위해 도우미가 되는 관리자가 되기를 꿈꾸는 것도 자신의 비전이 될 수 있다.

만일 당신이 배를 만들고 싶다면 사람들을 불러모아 목재를 가져오게 하고 일을 지시하고 일감을 나누어주는 등의 일을 하지 말아라
대신 그들에게 저 넓고 끝 없는 바다에 대한 동경심을 키워줘라

—생텍쥐페리

이제 실행해야 한다

관리자의 역할에 대해서 충분히 이해했다면, 이제는 실행해야 할 시기이다. 아는 것도 중요하지만, 아는 것을 실행으로 옮기는 것이 더욱 중요하다.

그리고 새로운 실행의 시작은 기본으로 돌아가는 것이다. 대부분 사람들은 회사에 처음 입사했을 때, 신입사원으로서 자신이 가지고 있던 꿈과 열정을 가지고 있었다. 그 꿈과 열정이 회사의 혹독한 생활 속에서, 그리고 그 생활의 만족감에 빠져들어 서서히 잊혀지게 되고, 관리자가 되었을 때는 개구리가 올챙이 적을 생각 못하는 것처럼 행동하게 된다.

처음 회사에 입사하게 되면 많은 유형의 관리자를 접하게 된다. 대부분 관리자들이 본받을 점이 많은 상사였겠지만, 유독 '내가 관리자가 되면 저렇게 행동하지 말아야지'라고 생각하게 만드는 관리자들도 간혹 있었을 것이다. 독선적이고 자기만을 알고 복지부동하고 뛰어난 후배 사원들을 철저하게 밟아 주는 상사를 보면서, 리더십에 대해서 다시 한 번 생각하고 관리자의 진정한 모습을 그리면서 무언가를 배웠을 것이고 느꼈을 것이다.

그렇지만 본인이 관리자가 되었을 때 그때 그 생각을 지금 행동에 옮기고 있는지는 스스로 돌아봐야 한다. 스스로가 안일함에 빠져 있고 스스로가 지금의 자리를 지키기 위해서 독선적이고 권위적인 상사가 되었는지 생각해 보고 반성해야 한다.

회사의 부하직원들이 같이 점심식사하는 것을 꺼린다면, 왜 그런지 반성해야 한다. 부하직원들의 행동은 관리자 행동의 거울이다. 그렇기 때문에 관리자로서 자신이 제대로 역할을 잘하고 있는지 반성해야 한다. 그리고 신입사원 시절의 초심을 잊지 말아야 한다. 그 꿈과 열정을 계속 지니고 있어야 한다.

자신이 멘토가 누구였는지, 그리고 현재 누가 자신에게 멘토 역할을 하고 있는지도 진지하게 물어보아야 한다. 세상에는 독불장군이 없다. 세상은 혼자 사는 것이 아니다. 게다가 조직체인 회사에서는 더욱이 혼자서 할 수 있는 일이 없다. 어떤 의사결정을 하는 경우에 그 의사결정이 제대로 된 의사결정인지 분간이 가지 않는 경우에는 반드시 멘토에게 물어보아야 한다. 자신의 멘토는 자기의 이익보다는 멘티가 잘 되기를 바라는 사람이기 때문에 자신의 인생에서의 시행착오를 거울 삼아 피가 되고 살이 되는 이야기를 해 줄 것이다. 다양한 분야에 다양한 멘토를 가지고 있는 것처럼 인생을 살 찌우는 방법도 없다.

그리고 멘토에게 받은 것만큼 후배사원들에게 돌려주어야 한다. 내가 받은 지식과 경험을 다른 사람에게 공유한다고 그 지식과 경험이 없어지는 것이 아니고, 그 지식과 경험은 살아서 숨을 쉬고 더욱 커지는 결과를 가져온다. 베푼 만큼 그 이상을 받을 수 있는 것이다.

관리자로서의 태도와 역할에서 어떤 부분에서는 부하직원들에게 가혹하다는 평가를 받을 수 있는 행동도 있을 수 있다. 관리자라면 이를 두려워해서는 안 된다. 관리자는 부하직원을 키울 줄 아는 사람이 되어야 한다. 짧은 시간에 공존하는 평판이 두려워서 부하직원을 방치한다면, 나중에 더 큰 화를 불러올 수 있다. 관리자의 온정주의가 그 부하직원을 회사에서 내보내는 결과를 가져올 수도 있다.

그래서 관리자는 단호함을 가지고 있어야 한다. '좋은 게 좋은 것'이라는 사고방식은 관리자의 자질이 아니다. 부하직원의 잘못을 야단칠 줄 아는 관리자가 되어야 한다. 물론 그 방식은 순전히 해당 관리자의 몫이다.

그리고 유연성을 가지고 있어야 한다. 단호함 속에서 유연함을 가지고 있는 사람이 되어야 한다. 뜨거운 가슴을 가지되, 냉철한 머리로 판단해야 하는 것이다.

또한 관리자는 준비된 사람이어야 한다. 많은 조직에서 관리자의 자질이 없는 사람을 관리자로 앉혀 놓고는, 그 관리자가 조금이라도 잘못하면 개인 자질의 잘못으로 치부를 하는 경향이 있다. 이는 잘못된 관행이다. 관리자가 관리자로서 자신의 역할을 제대로 수행하기 위해서는 그 준비과정이 필요하다. 그 준비는 개인도 준비해야 하지만, 회사도 적극적으로 지원해야 한다. 회사에 준비된 관리자가 있다는 것은 그만큼 회사가 리스크 관리를 잘한다는 의미이다. 회사는 재무적 리스크도 중요하지만, 인적 리스크에도 준비해야 한다. 쓸 만한 사람이 없다고 탄식할 것이 아니라, 그런 사람을 채용하거나 조직 내에서 키워야 한다. 개인도 별도의 준비가 필요하다. 멘토를 통해서 많은 경험을 공유하고, 독서교육을 통해서 간접경험을 하면서 준비해야 한다.

기본으로 돌아가는 것과 스스로의 반성은 새로움의 시작점이다. 우리는 이제 우리가 무엇을 해야 하는지 알고 있다. 꼭 책을 통해서가 아니라 신입사원 시절의 초심과 현재의 행동의 반성에서 많은 점을 배울 수 있다. 그 배움을 실행으로 옮겨야 하는 시기가 된 것이다. 실행이 전부다. 그 전부를 이제 시작해야 한다. 전략과 실행의 균형 속에서 실행이 우선시되는 세상이 된 것이다.

훌륭한 생각. 멋진 아이디어를 가진 사람은 무수히 많습니다. 그러나 행동으로 옮기는 사람은 드뭅니다. 저는 남들이 포기할 만한 일을 포기하지 않습니다. 포기 대신 무언가 해내려고 애썼습니다. 실패와 좌절의 경험도 인생을 살아가면서 겪는 공부의 하나랍니다. 현실이 슬픈 그림으로 다가올 때면, 그 현실을 보지 말고 멋진 미래를 꿈꾸세요. 그리고 그 꿈이 이루어질 때까지 앞만 보고 달려가세요. 인생 최대의 난관 뒤에는 인생 최대의 성공이 숨어 있습니다.

-KFC 창업자 커널 할랜드 센너스

김인범

한국외국어대학교 졸업, 고려대학교 노동대학원 인력관리학과 재학 중.
1995년부터 대림코퍼레이션에서 인사 업무를 하였고, 현재는 삼진선업에서 인사관리를 총괄하고 있음.
인사 전문가를 꿈꾸고 있으며, 전략적 인사 관리의 효과성, 현장 중심의 인사관리를 실현하기 위한 방법론에 대해서 연구와 고민을 하고 있음.
인사의 실무와 이론을 통합한 새로운 인사 전문가의 로드 맵을 그리고 그 실천 방안으로 책을 쓰고, 외부 강의를 하고, 개인 홈페이지(http://www.hrchampion.net/)를 운영중임.

『회사 3년차를 위한 직장생활수칙 66』(2010)
『기업성공의 핵심은 사람관리이다』(2010)
『리더가 꼭 알아야 할 실전 인사관리』(2009)
『인사 전략 이렇게 하면 된다』(2006)

회사 7년차를 위한

관리자수칙

66

초판인쇄	2011년 9월 28일
초판발행	2011년 9월 28일

지은이	김인범
펴낸이	채종준
펴낸곳	한국학술정보(주)
주 소	경기도 파주시 문발동 파주출판문화정보산업단지 513-5
전 화	031) 908-3181(대표)
팩 스	031) 908-3189
홈페이지	http://ebook.kstudy.com
E - mail	출판사업부 publish@kstudy.com
등 록	제일산-115호(2000.6.19)

ISBN	978-89-268-2571-6 13320 (Paper Book)
	978-89-268-2572-3 18320 (e-Book)